Château Restaurant
Joël Robuchon
Premier Maître d'hôtel
Shin Miyazaki

世界一のおもてなし

シャトーレストラン ジョエル・ロブション
プルミエ メートル ドテル
宮崎 辰

世界一のおもてなし

宮崎　辰

中経の文庫

本書の著者である宮崎辰は、二〇一二年の「クープ・ジョルジュ・バティスト」サービス世界コンクールで優勝した、世界一のサービスマンです。

恵比寿ガーデンプレイスにそびえる、シャトーレストラン ジョエル・ロブション。シェフのジョエル・ロブション氏は、世界でもっとも多くの星を持つ「世紀最高の料理人」として知られています。

宮崎辰はシャトーレストラン ジョエル・ロブションのプルミエ メートル ドテルです。レストランにいらっしゃるすべてのお客様に、真心を込めたサービスを行います。

ジョエル・ロブション氏

De toute ma carrière de cuisinier, je n'ai jamais cessé de mettre en œuvre tous mes savoir-faire pour satisfaire ma clientèle.
Pourtant, nous seuls, nous ne pouvons accomplir cette tâche si difficile et délicate.
La collaboration des personnels de la salle avec qui nous devons être en parfaite harmonie nous est indispensable car c'est bien eux qui sont en contact direct avec nos clients.
Le niveau de leur service technique mais aussi convivial et chaleureux doit égaler celui de la cuisine.

Je suis alors particulièrement ravi de voir Shin MIYAZAKI, premier maître d'hôtel au Château Restaurant Joël ROBUCHON, s'illustrer brillamment lors de la Coupe Internationale Georges BAPTISTE, le concours de la restauration du renom et à la longue histoire, car cela prouve que la qualité du service proposé à nos convives soit à la hauteur de cette prestigieuse distinction.

Et bien sûr, ce livre dans lequel Shin MIYAZAKI révèle certains de ses secrets du métier, sera pour tous une précieuse mine d'or.

ジョエル・ロブションからメッセージ（和訳）

私は今まで料理人として、常にお客様にご満足いただくため、自分の持つノウハウのすべてを、惜しみなく注ぎ込んできました。

しかし、それは繊細でとても難しい目標なので、私ども料理人だけで達成するのは困難です。

それを実現するには、私どもと完璧な調和関係にあるサービス・スタッフの協力が絶対条件になります。

なぜなら、直接お客様にお会いするのは彼らなのですから。

彼らのサービスは、当然のことながら技術的に極められたものであり、「コンビビアリテ（懇親性）」に富み、かつ人間的な温かみを感じるものでなくてはなりません。

その水準は料理の価値に勝るとも劣ってはならないのです。

この度、シャトーレストラン ジョエル・ロブションにてプルミエ メートル ドテルを務める宮崎辰が、伝統と格式のある「クープ・ジョルジュ・バティスト」サービス世界コンクールで世界一に輝くという素晴らしい成績を残したことを、私はたいへん嬉しく思っています。

それは、私どものレストランでお客様に提供させていただいているサービスのクオリティーが、この名誉ある賞の高さに匹敵するものであるという証《あかし》だからです。

そしてその宮崎辰が持つサービスの極意をまとめたのが本書です。

きっと本書をご覧になるすべての方々にとりまして、かけがえのない一冊となることでしょう。

はじめに

この本は、「すべてのゲストに満足していただく、サービスの極意」をまとめたものです。


すべてのゲストを満足させるなど、ありえない。

そう思われても、仕方がないかもしれません。

人間には好き嫌いがあります。なんとなくウマが合う、合わないというのは、たしかにあるものです。

ためしに嫌いな人の顔を思い浮かべてみると、得意先のあの人や、ご近所のあの人、様々な顔が浮かんでくるのではないでしょうか？

そんなあなたにこそ、本書を読んでいただきたいのです。

「ある条件」を満たした世界最高峰のサービスは、すべてのゲストに例外なく、満足感を与えます。

その「ある条件」とは、サービスに求められる個の力とチームワークが、高いレベルで両立しているということです。

それは、生まれつきの才能が必要とされるものではありません。本書でおいおい述べていきますが、一流のサービスに必要な個の力とチームワークの獲得は、やれば必ずできるのです。**やるか、やらないか。それだけなのです。**

私は、二〇一二年十一月に日本代表として、もっとも伝統と格式のある「クープ・ジョルジュ・バティスト」サービス世界コンクールに出場しました。そして各国代表を破って優勝し、**「世界一のサービスマン」**になりました。

本書では、**私の持つあらゆるテクニックを、すべて説明しています。そのテクニックの習得の仕方も、すべて明らかにしています。**それは、誰でも実践できるテクニックです。

一人でも多くの方に、この本で「サービスの極意」を知っていただき、実践していただければ、それに優る喜びはありません。

目次

第2章

日本一になるために大切なこと

第3章

世界大会での勝利の秘訣

第4章

修業時代に学んだこと

写真撮影　カバー、3ページ、6ページ
野口 博（フラワーズ）
編集協力　河野浩一（ザ・ライトスタッフオフィス）
ブックデザイン　鈴木成一デザイン室

第1章

サービスの本質とは？

優れたサービスは出会いに感謝することからはじまる

ガストロノミー ジョエル・ロブションの席数は、四十席です。そのうち半分の二十席を、私がサービスの責任者――メートル ドテル――として担当することになります。

そして、フレンチレストランではディナーでもランチでも、一つの席にお迎えするお客様は原則としてお一人だけです。たとえば定食屋や居酒屋のように、お客様が何回転もすることはありません。

つまり、私はサービス担当として、ディナーとランチそれぞれ二十人ずつ、合わせて四十人の方々と出会うことになるわけです。その中には、誕生日や結婚記念日など、特別な一日を過ごそうというお客様もいらっしゃいますし、ちょっと贅沢な夕食、といった感覚でお見えになるお客様もいらっしゃいます。

そのお客様全員に、私は心を込めて最高のサービスをさせていただきます。

「そうは言っても、見ず知らずの人にサービスをするのは難しいでしょう？」とか、「毎日四十人もいて、すべてのお客さんに心を込めてサービスをするなんて無理でしょう？」と、よく言われます。

たしかに、初めてお会いするお客様に合わせてサービスするのは、とても気を使います。私はもともと、特別に社交的なタイプでもありませんし、話をするのがとても得意だというわけでもありません。ごくごく普通の人間です。

それでも、私はこれまで、数多くのお客様に「宮崎がいるレストランだから、通っているんだ」と言っていただきました。そして**実際に、多くのお客様が私を目当てに通ってくださいます。**

お客様にご満足いただくために私が活用している具体的なテクニックは、すべて、これからこの本で明らかにさせていただきます。しかし実は、一番大切なことはテクニックではないのです。**もちろんテクニックなくして優れたサービスはできないのですが、それに加えて「出会い」に感謝し、大切にすることが必要なのです。**この「出会い」は、「運」とか「一期一会」と言いかえてもいいかもしれません。

たとえば、私の大切なお客様の中に、K様というご夫妻がいらっしゃいます。私が銀座のレストランに勤めていたときに、初めて出会ったお客様です。

私は、当時はまだ中堅で、まだまだ技量の低いサービスマンでした。テーブルサービスはできず、チーズをお薦めしたりデザートのワゴンサービスを担当していました。お客様との接点は、ほとんどなかったのです。

K様ご夫妻は、奥様がレストランのシェフの料理教室に参加されて、レストランにもいらっしゃるようになりました。最初に来店されたとき、とても感じの良いご夫妻だなぁと思ったことをよく覚えています。私はチーズとデザートをお薦めすることしかできませんでしたが、それでも一生懸命サービスをさせていただきました。

その後、なぜかご夫妻は私の名前を覚えてくださり、二ヶ月に一度のペースで通ってくださるようになりました。そして、上司が辞めて私がメインのメートル ドテルになってからも可愛がっていただきました。さらには、そのレストランが閉店して別の店で働きはじめた際にも、私のいる店に通ってくださました。今でも公私にわたるお付き合いをさせていただいています。

後で教えてくださったのですが、二回目にご来店いただいて、デザートのワゴンサービスをさせていただいた時に、「この人、面白い」と気に入ってくださったそうです。通常は、ワゴンに載っている五種類のケーキをそれぞれ説明して、お客様に選んでいただきます。しかし、その時の私は「このチョコレートのケーキが美味しいです！　ぜひこれを食べてください！」と言ってしまったのです。

もちろん、このような薦め方は通常は問題があります。**味覚は人それぞれですから、自分が美味しいと思うものが、他人にも美味しいとは限りません。**K様ご夫妻は結果としてお薦めしたデザートを喜んでくださいましたが、意図せずに口を滑らせてしまった、というのが正直なところです。

しかし、何の理由もなくこのようなことを言ってしまったわけではありません。K様ご夫妻は、一回目も二回目も、しっかりとした味わいのボルドーのワインを飲まれて、こってりしたお肉料理を食べておられました。ですから、フランス料理らしいフランス料理を好まれる方だと推測して、もっともフランス料理らしいチョコレートのデザートを好まれるに違いない、と考えていたのです。

今の私ならば、重い料理の後ならさっぱりしたデザートの方が良い、という可能性も捨てないはずです。しかし当時の私は、**とにかくその時点で私が持っていた知識と経験から一生懸命に推理して、その方にベストのサービスをしようと努力しました。**おそらくはその一生懸命さが、K様ご夫妻の心に響いたのだと思います。

当時の、まだまだ半人前の私でも、このように一生懸命サービスしようとすることで、お客様と長きにわたるお付き合いをさせていただけるようになったのです。

現在の私は、毎日四十人の方々にメインのメートル ドテルとしてサービスさせていただくことができます。**それでももしかすると、別のメートルドテルが担当している四十人の中に、本来ならば一生のお付き合いになるはずだったお客様がいらっしゃったかもしれません。**

出会いに感謝し、毎日四十人のお客様全員に心を込めたサービスをすることが大切だ、と私が考えているのは、このような理由からなのです。

優れたサービスは個人技×チームワーク

レストランを、私はしばしばサッカーチームにたとえます。

当たり前のことですが、レストランは一人では成り立ちません。お客様を迎え入れるための舞台をオーナー、料理をシェフ、そしてサービスを我々サービススタッフが担います。いずれかのレベルが低ければ、やはり優れたレストランになるのは難しいでしょう。しかし、それぞれが高いレベルであれば、それらは共鳴しあって、素晴らしいレストランができ上がるはずです。……ね、レストランはサッカーに近いでしょう？

では、レストランの目的とはなんでしょうか？

それもサッカーと同じです。お客様に、もう一度食事をしたい（観戦したい）と思っていただくことです。そのために必要なのは、**お客様の記憶に強く残る、他のレストランでは経験できない「なにか」です。**それを私はゴールにたと

えています。

ゴールにもっとも近いのは、料理を作るシェフや、お酒の専門家であるソムリエ、そしてお客様と話す機会の多いメートル ドテルです。これらのポジションに優れた人材が揃っていれば、お客様の記憶に残るゴールが生まれる確率は高くなります。

ところが、メートル ドテルが特定のテーブルにつきっきりになる局面もあります。その時には、他の人間がメートル ドテルの穴を埋めるようにしなければなりません。

サービススタッフたちはそのように、**監督にあたる支配人の指示の下、ゲームメーカーであるメートル ドテルを中心に、常に適切なフォーメーションを組みながらサービスを続ける必要があるのです。**

卓越した選手が二、三人いても、他の選手のレベルが低いサッカーチームが強くないように、サービススタッフ全員が水準以上の能力を持っていることが求められます。

もちろん、思わぬポジションがゴールを決めることもあります。メートルドテルを補佐するシェフドランン、さらにその補佐をするコミ（見習い）。彼らはサッカーで言えばサイドバックなどのように、ゴールからは遠いかも知れません。しかし、ひょんなことから彼らがお客様の心を強く打つことは、たしかにあるのです。

つまり、レストランのスタッフに求められるのは、個人技とチームワークの、高いレベルでの両立なのです。

いかがでしょう？　ますますレストランとサッカーは近いと思っていただけたのではないでしょうか。

ところが実は、このたとえ話はレストラン以外にも使えます。会社などのあらゆる組織において、個人技とチームワークの両立が求められるのは当然のことです。

私はこのたとえ話を、多くの場合、レストランの後輩たちに使います。若い頃の私もそうだったのですが、経験の浅いスタッフたちは、どうしても上司の顔色ばかりをうかがってしまいます。

もちろん、与えられたポジションは上司の補佐なのですから、それは必要なことです。しかしそのために、しばしば自分もチームの一員であることを忘れてしまいがちです。場合によっては、自分は主役ではないからと気を抜いてしまうことさえあります。

しかし、そうではないのです。

レストランにいらっしゃるお客様にとって、レストランのすべてのスタッフがフィールドプレーヤーです。全員の個人技とチームワークが優れていることが、ゴールを奪うためには必要不可欠なことなのです。

ですから私は、スタッフたちに言い続けます。レストランはサッカーチームであり、スタッフはみなフィールドプレーヤーなのだと。

サービスの「個人技」を磨くための秘訣とは

私は後輩たちによく、個人技を磨けと言っています。

もちろん、もっとも大切なのは、上司から学び、そのレストランの求めるサービスを行うことです。ところが、**本当に優れたサービスを行うためには、レストランの中にいる時間だけ努力していては駄目です。**レストランの外でどのように自分を磨くかが、とても重要なのです。

メートル ドテルに求められる能力は、サービスの全般に及びます。食べ物を運んだり会話をしたりすることは、求められる能力のごくごく一部です。

レストランには専門のソムリエはいるのですが、**当然ながらソムリエの資格は持っている必要があります。**お客様の前で料理を切り分けてお出しするデク**パージュの技術も学んでおくべきです。**

バーテンダーとしてカクテルを作ったり、バリスタとしてコーヒーを淹《い》れる能力も求められます。さらには、テーブルの飾りつけをするために**フラワーアレンジメントの知識もあった方が良いでしょう。**

そしてもちろん、フランス料理のレストランにいるならば、やはりフランス人のお客様やフランス人シェフと円滑にコミュニケーションが取れるように、**フランス語ができる必要があります。英語もできるべきです。**

そのこともやはり、私はよくサッカーにたとえます。

サッカーにおける世界一の選手は、バルセロナという、これも世界一のチームに所属するリオネル・メッシです。

左足のシュート力は圧倒的ですし、ドリブルの能力も、パスの能力も卓越しています。そして、他の能力ほどには注目されませんが、実はフリーキックもとても素晴らしいのです。

しかし、バルセロナは世界一のチームですから、メッシよりも凄いフリーキックを蹴れる選手がいます。だからメッシはフリーキックを必ず蹴るとは限りません。でも、蹴ろうと思えばいつでも素晴らしいフリーキックを蹴ることができるのです。

そのように、超一流のサッカー選手は、**あまり知られていないけれど実はあれもできる、これもできる、という優れた能力を持っています。**そして、そのプレーをじっと見つめていれば、そのさまざまな能力が、特別なゴールシーンだけでなく、ちょっとしたパスやドリブルなどにも輝きを加えていることがわかるはずです。

多くのレストランでは、デクパージュやカクテル作りの能力は求められないでしょう。また、語学力やソムリエの能力も必要とされる機会は少ないかもしれません。極端に言えば、店によっては料理の名前さえ言えればそれでいいのかもしれません。

それでも、デクパージュやカクテル作りをマスターすることによって、料理やお酒についての理解が深まります。お客様にお出しするものの価値の高さを知り、それについて、求められればいくらでも説明をすることが可能となります。**なにより、いざとなればそれができる、という自信がサービスの立ち居振る舞いに気品と威厳を与えることになるのです。**

さらに、そのような自己研鑽《けんさん》をすることで、多くの人と出会うことができます。レストランの中で働く、その時間だけ一生懸命頑張っていると、どうしてもレストラン内の数少ない人間関係の中で生きていくことになります。それはそれでとても大切なのですが、それだけでは人間が小さくなってしまいます。

私自身、休みの日には世界一のサービスマンを目指して勉強会に通ったりコンクールに出場したりしてきたことで、多くの素晴らしい方々と出会うことができました。他のレストランにも志の高い方々はいて、彼らとの交流はとてもためになります。

さらに、たとえば以前勤務していたレストランを辞めたときに、そういう場所で知り合った方に「うちに来ないか？」とお声がけいただいたこともありました。私がこの、憧れのレストランであったシャトーレストラン ジョエル・ロブションに来ることができたのも、そのような実績と人脈のおかげだったのです。

もちろん、自分を磨く場は勉強会やコンクールだけではありません。別に、勉強でなくてもいいのです。**とにかく、休みの日こそ早起きして外に出ること。外に出なければ、なにもはじまりません。**良い出会いも悪い出会いも訪れることはないでしょう。

良いことも悪いことも含めて、なんでも経験すること。それが人としての深みを増し、ひいてはサービスマンとしての深みも増します。

ですから、サービスの個人技を磨く第一歩は、休みの日に外に出かけることなのです。

頭を使わなければ本物のサービスはできない

もし、あなたの会社や家にお客様がいらして、あなたがコーヒーをお出しすることになったとします。コーヒーカップの取っ手は、右側と左側、どちらに向けてお出しするべきでしょうか？

実は、どちらも間違いではありません。取っ手を右側にするのはアメリカ式、左側にするのはイギリス式といって、どちらも正しいのです。

ところが、カップに入っているコーヒーの中身によっては、正解も変わります。そもそも、イギリス式は砂糖やミルクを入れる際に、左手で取っ手を押さえて右手に持ったスプーンでかき混ぜ、それから一八〇度回転させて右手で取っ手をつかんで飲むために、最初は左側に取っ手が来ています。逆にアメリカ式の場合は、薄めのアメリカン・コーヒーをそのままブラックで飲みやすいように、右側に取っ手が来るのです。

このような原理を知っていれば、たとえばアメリカン・コーヒーを飲む際にどちらの方式でお出しするのが正しいかは、明白でしょう。実際にはさらに、食事の場所や内容、カップ&ソーサーの種類なども判断材料になります。

もちろん、このことはコーヒーだけではありません。ワインの注ぎ方や水の注ぎ方、料理の出し方の一つ一つに、あるべきマナーがあります。そして、**それらのマナーは必ず、その料理の食べ方や食文化から考えて合理的な理由から成り立っているのです。ですからマナーを丸暗記的に覚えていても、使いこなすことはできません。**使いこなすことができないということは、つまり、正しいサービスができないということになります。

たとえば、これは私があるお店に行った際に経験したことなのですが、ミネラルウォーターをコップに入れて出してもらったことがあります。真冬の寒い日だったため、常温のミネラルウォーターに氷を入れずに出してくれました。そこまでは気の利いたサービスです。ところが残念なことに、そもそもテーブルクロスが敷いてあるのに、コップの下には紙のコースターが敷いてあったのです。

コースターは、冷たい飲み物を入れて、結露《けつろ》して流れ落ちる水滴を受け止めるためのものです。だから吸水性の高い紙やコルクが使用されているのです。このような理屈を知っていれば、常温のミネラルウォーターが入ったコップにコースターを敷くはずがありません。それはサービスではなく、ただ単に余計なことだからです。

もちろん、私も昔は分からないことだらけでした。しかも、ちょうど世代的に、私たちの先輩は「背中で学べ」という世代でしたので、とにかく先輩の仕事を見て覚え、自分で調べて学ぶしかありませんでした。自分で考えない、勉強しない同僚たちは、みな、実力がつかないまま脱落していきました。

そして、面白いもので、一生懸命考えている人間にならば教えてやろう、という素晴らしい先輩も中にはいるのです。しかしそれでも、**まずは自分で一生懸命に考えていたからこそ、教えてもらったときにありがたみを感じ、身についていったのだと思います。**

ですから私は後輩に教える際にも、まずは自分で考えさせるようにしています。分からないことがあったら、まずは自分で答えを探す。自分なりの答えを二つ三つ持ってきて、その上での質問であれば、しっかりと教えてあげるようにしています。

それでも、シャトーレストラン ジョエル・ロブションは最高のレストランでなくてはなりません。ですから、分かっていないことが多い人間をそのまま放っておくわけにはいきません。また、本人が分かっていないということにさえ気づいていないことが、よくあります。

そのため、**機会を見ては、そのサービスの本質を理解しているかどうか、質問を投げかけるようにしています。**

その質問に答えられれば、「お、よく分かってるじゃん」と言って誉めてあげます。もし分かっていなければ、「お前、それでよくサービスをやっていられるな」と発破《はっぱ》をかける。そうすればたいてい、ちゃんと家で調べてきます。もし、それでも調べてこないということであれば、それは本気で怒ることにしています。

チームの力を引き上げる仕事の教え方

サービスの現場は、常に緊張感が漂《ただよ》っています。お客様の前では優雅に振る舞っていますが、頭の中ではいつも複数のことが同時進行しています。レストランのサービスにおいては、時間という要素がとても大切です。雰囲気やお話を楽しんでいただきつつも、最高の一皿を、最高の状態で、最適なタイミングでお出しして、お下げする。それをすべてのテーブルで遅滞なく行うことが要求されます。

当然ながら、後輩たちにその場で手取り足取り教える余裕はありません。表ではおくびにも出しませんが、裏では戦場のようになっているのです。

私の修業時代には、失敗したら「このクソガキ！」と、後ろから蹴りが飛んできました。顔を腫《は》らせてしまったらお客様の前に出ることなどできませんから、見えるところを殴られた経験はないのですが、それでも、見えないところはガツガツやられました。

　キッチンはもっとすごくて、スタッフが表に出る必要がないですから、顔を腫らしていても仕事に支障はないわけです。そのため、本当に軍隊のようなレストランもありました。

　たとえば、これはかつて勤めていたあるレストランでの話ですが、ある日、ガシャーンという皿が割れる音とともに、「コラーッ」というシェフの怒声が、お客様のいる席まで響いてきたことがあります。

　支配人は慌てて「シェフ、静かにしてください」と言うんですが、シェフは完全に激高していて、スタッフの上に馬乗りになってガンガン殴っているのです。後で一部始終を見ていた人に理由を聞くと、どうやら複数の皿を同時に作っていて、しかしそのスタッフが一品を焦《こ》がしてしまって、その一つですべてが狂ってしまったらしいのです。たしかにあってはならないミスです。そこで、瞬間的に激高したシェフが胸倉をつかんで殴って、ふらついたところを蹴飛ばして、倒れた上に馬乗りになっていたということでした。

　そのような時代が長かったわけです。手は出すけれども、親切には教えないから目で見て盗め、という時代ですね。そういう中で仕事を学んできた私ですが、いざ、自分が教える番になると、やはり時代に合わせて変えていく必要があるのです。

最近の新人は素直でいい子が多いのですが、失敗を恐れる傾向が顕著《けんちょ》です。私はとりあえずやってみて怒られて、というのを繰り返していたのですが、怒られるのを恐れてやらない、ということが多いのです。

そのため、スパルタ一辺倒だと、どうしても空回りしてしまいます。背中を見て学べと言っていても、新人が入ってきたら、ある程度は丁寧に説明しないと成長しないままになってしまうのです。そこで中間を取るというか、アメとムチを使い分ける必要があるのです。

叱る必要があるときも、必ず最初は口で言います。二度目の同じ失敗も、口で注意します。しかし三回、同じ失敗をした場合は叩《はた》きます。

叩《はた》くとはいっても、直接手や足で叩《たた》いたり蹴ったりするのではなく、ワインを注いだり、熱いお皿を持つ時に使うナプキンを折り重ねて持って、それで叩《はた》くのです。まあ、ナプキンで叩《はた》かれても痛くはないのですが、叩《はた》かれた、という感触自体に意味があると思いますので。

そして、「もういいよ、もうお前には頼まないから」と言います。**それぐらいやってしっかりと心に痛みを感じてもらわないと、やはりサービスの仕事は忙しいですから、失敗も業務の中に紛《まぎ》れてしまうのです。**

その後、たとえばお客様が帰られた後などに「お前なら分かると思っていたから、とても残念なので怒ったんだ」と、改めて語って聞かせます。成長をして欲しいから怒っているんだ、ということと、成長したらちゃんとそこは見ているぞ、ということ。その両方を伝えることが、新人教育ではとても重要なのだと思います。

そうは言うものの、何度言っても、さぼっているわけではないのに不思議にできない人はいます。それを能力が低いと言って切り捨ててしまうこともできるのでしょうが、その場合はできるだけその人の他の長所を伸ばしてあげるようにしています。

たとえば何度言っても同じミスを繰り返すのに、カプチーノを淹《い》れるのはピカイチな後輩がいます。私の馴染《なじ》みのお客様にカプチーノをお出しする際には、必ずその後輩に淹れてもらいます。そこで彼は輝くわけです。

他の部分での成長は遅くても、とりあえず輝くところを見つけてあげる。他の部分ではしっかりと怒るけれど、輝くところは尊重してあげる。そうすることによって、自分の輝くところを心の支えにして苦しくても辛くても泣きたくても頑張って、他の部分もだんだんと追い付いてきてくれれば、と考えているのです。

いいサービスは掃除からはじまる

「お前は掃除というものが分かっていない！」

私の恩師の一人である坂井ひろし氏に言われたこの言葉を、私は一生忘れないでしょう。

当時、私はまだコミ（見習い）でした。それでも、先輩方の仕事ぶりを学ぼうという意欲だけは満々でした。その日は坂井氏にラウンジの掃除を指示されたので、しっかりと丁寧に掃除を行いました。それから次の仕事に移ろうとした時、先ほどの言葉が降ってきたのです。

自分では万全を尽くしていたつもりでしたので、なにを咎《とが》められているのかまったく分かりませんでした。

困惑している私を、坂井氏はラウンジのソファーに座らせました。

「なにか気づいたことは？」

坂井氏に訊かれて、私はきょろきょろと辺りを見回しました。そもそもラウンジは先ほど綺麗にしたばかりです。後から床にゴミでも落ちたのかと思いましたが、やはり床もぴかぴかです。

どうしても答えが見つけられず、気ばかり焦《あせ》っている私に、坂井氏はさらに続けます。

「リラックスして、ソファーにゆったりと腰かけてみろ。スタンドの首が汚れているだろう？」

そう言われて、はじめて私は気づきました。ソファーに座られたお客様から見える場所に、たしかに汚れがあったのです。それは、立ったままでは死角になってしまう場所でした。

坂井氏はさらに続けます。

「お前は掃除をしたつもりだったかも知れないが、それは作業をしていただけだ。このままお客様を通したら、汚れを見られていたことになる。つまり、お前は勝負がはじまる前に負けていたのだ」

坂井氏にこのことを教えていただいて以来、私は掃除をなによりも大切にしています。その理由は主に二つあります。

一つ目の理由は、お客様に心地よいひとときを過ごしていただくには、完璧に清掃された舞台を用意することが必要だからです。しっかりと掃除がされていればいるほど、ちょっとした見落としによる汚れがとても目立ってしまい、坂井氏のおっしゃったとおり、勝負がはじまる前に負けてしまうのです。

二つ目の理由は、作業ではない「本物のサービス」の掃除をすることで、サービスでもっとも大切なことが身につくからです。お客様が座る可能性がある椅子にはすべて座り、お客様専用のトイレや洗面台なども必ず使ってみる。そうやって、お客様の立場に立ってみること。それこそが、「作業」と「本物のサービス」を分ける重要な分岐点なのです。

一流のサービスマンはオフでも気を抜かない

掃除のことと同様に、修業時代に坂井ひろし氏から学んで今でも守っていることに、オフでも気を抜かない、というのがあります。

サービスマンは家からレストランに出社し、スーツに着替えて仕事をはじめます。通勤の服装を指定されるわけではありませんので、Tシャツやジーパン、短パンなどを着て出社してもいいわけです。ところが、坂井氏はスーツを着て出社し、社内で仕事用のスーツに着替えるのです。

私がそのことを疑問に思って坂井氏に質問すると、坂井氏は「外でお客様に会うかもしれないだろう？　だから通勤の時もしっかりとした格好をしているんだ」と教えてくださいました。

そのことの大切さは、自分がお客様の立場に立ってみれば当然のことです。

いつも、ビシッとしたスーツ姿で素晴らしいサービスをしてくれるサービスマンの、出勤途中の姿をたまたま見かけたとします。その服装が変な格好だったり、汚らしい格好だったら、どう思うでしょうか？　オンとオフは違うとはいえ、やはり嫌な気持ちになるのではないでしょうか？

最悪の場合、「あの素晴らしく見えたサービスも、あの楽しかったひとときも、実はハリボテに過ぎなかったんだ」と、魔法が解けたようになって、レストランから足が遠のいてしまうかもしれません。

ですから、**レストランでサービスをする人間ならば、店の外でも、その店の顔であることを意識するべきです。**サービスをする瞬間だけいい格好をすればいいというものではありません。

また、オフの服装の話とあわせて、**優れた仕事をするためには靴《くつ》を綺麗にしていなくてはならない、**ということも坂井氏に教わりました。

念入りに身支度をしたつもりでも、どうしても靴にまで注意がまわらないことがあります。スーツは定期的にクリーニングに出しますが、靴は自分で意識して手入れしないと、すぐに汚れてしまいます。しかし、座ったお客様からはサービスマンの靴がよく見えるのです。

ですから私は、出勤や退勤の時も、オフの日も、常に服装には気を配ります。もちろん、スーツを着なくても構いません。お客様に見られても恥ずかしくない、綺麗な服装をすることが大事なのです。そして、どんな時でも靴が汚れていないように気をつけます。

また、**服装に気をつけることでファッションに興味を持つようになれば、なお良いでしょう。**ファッションの世界は奥深くて、私も大好きです。

私は、ファッションの世界には料理の世界と近いところが多いと思います。たとえば、芸術としての側面と実用性を求める側面のせめぎあいがある点や、どんなに素晴らしいものでも消費されてしまう点、さらには創造性とビジネスの両立が求められるという点などは、まさに料理の世界にも通じると言えるでしょう。

なにより、シャトーレストラン　ジョエル・ロブションにいらっしゃる方にはファッションにも興味をお持ちの方も多く、会話の引き出しとして、とても役に立ちます。

サービスで求められる本物の会話術

レストランのサービスにおいて会話はとても重要です。しかし、レストランはあくまでも特別な建物、特別な料理、特別なサービスという非日常を楽しむための場所です。ですから、**サービスにおけるお客様との会話は、場合によっては「話さない」ことも含めてのサービス**となります。

私はお客様がレストランに入られた瞬間から、その方との会話ははじまっていると考えます。もちろん、以前ジョエル・ロブションにいらしたことのある方は、データをチェックして頭に入れておきます。しかし、初めての方の場合は、お客様がどのような方なのかを観察して推測する必要があります。たとえばレストランに慣れているかどうか、お連れのお客様との関係はどのようなものなのか、などです。

まずはソムリエが食前酒をお伺いし、それから私たちメートル ドテルがオーダーを取りにいくことになります。そこでお客様との会話がはじまるのですが、当然、初めての方は好みが分かりません。そこで、好みを探りながらベストのお料理をお薦めしていくことになります。そのためには、**料理の味や価値、お酒との相性などがすべて頭に入っている必要があるのです。**自分の店の料理のことを知らないまま「シェフが薦めていたから」お薦めするのは、サービスではなく、ただの作業でしかありません。

当然、「このコースを二人分で」と、値段だけで料理を決める方もいらっしゃいます。そうなるとあっという間に会話が終わってしまいますが、それはそれでお客様の選択に合わせるべきです。

次にお客様と直接に接するのは、料理をお出しする時と下げる時です。その間の会話の中で、お客様の好みや癖《くせ》、何が目的でいらしたのかを判断して、会話の糸口をつかんでいくことになります。

必然的に、お出しする料理が話題のきっかけになることが多くなります。これまで味わってきた美味しい料理の話や、他のレストランの話になることもあります。その際には、会話をしながら頭のなかで連想をし、話題を広げていきます。

フランス料理がお好きならイタリア料理はどうか、ドイツ料理がお好きならどんなビールがお好きか、などと話題をつなげていくのです。フランス料理からワインの話になったり、フランス旅行の話になったりすることもあります。私の好きなファッションやサッカーの話につながれば、しめたものです。

しかし、知らない話題に無理やりついていく必要はありません。お客様が身に着けておられる品物を、自分としては本当はセンスが良いとは思えないのに無理やり褒《ほ》めようとしたりなど、下手なおべっかを遣《つか》う必要もありません。

ジョエル・ロブションにいらっしゃるお客様の多くは、日常生活でもできる会話を楽しみにしているわけではないのです。**本当に、お互いの波長が合う話題で会話をすることが、結局、一番お客様に喜んでいただけるのです。**

もちろん、お客様同士の話が盛り上がっている時に、会話に加わっていくのはナンセンスです。そのあたりの雰囲気を読む能力が、サービスマンには必須だと言えるでしょう。繰り返しになりますが、不必要な会話を避けるのも、サービスのうちなのです。

それは、料理の説明をする際にも言えることです。一皿一皿の説明はマニュアルでできるものではありません。これも、柔軟に、最適な説明をする必要があるのです。

ガストロノミー ジョエル・ロブションは三ツ星レストランです。卓越した技量を持つシェフが、最高の食材を使って腕を振るった料理を味わうことができます。優れた料理には、優れた小説や映画と同様に、細やかな起承転結があり、崇高《すうこう》な物語があります。その料理を適切にお出しするだけで、すでに百点満点なのだと言えるでしょう。

サービスとは、その百点満点の料理を百二十点、百三十点へと引き上げていく行為なのです。無理に、型どおりのサービスをしようとして九十点、八十点になってしまうよりは、むしろ百点満点をキープすることを優先するべきだと、私は考えます。

具体例を挙げて説明をさせていただくと、ある日の前菜が「平目のタルタル キャビア添え」だったとします。平目が細かくカットしてあって、キャビアが載っていて、ハーブなどが飾りつけられていたら、それは文字通り「平目のタルタルキャビア添え」です。

その料理の説明の仕方、つまり最適なサービスは、お客様によって変わってきます。

たとえば、あるお客様が、その前菜をお出しした瞬間に、「わー、綺麗!」と喜ばれて、携帯電話で写真を撮りはじめたとします。何度か撮り直してベストの写真を選んだ後、さらに、ツイッターやフェイスブックに上げようと操作をはじめられたとします。その方にとって最優先なのは、いかに素早くツイッターやフェイスブックを見ている人に報告できるかです。その最優先の作業をしておられるお客様に向かって、料理についてご説明をしてもサービスにはなりません。

私はその場合、お客様が携帯電話での作業を終えられるのを待ってから、その料理が「平目のタルタルキャビア添え」であることを簡潔にお伝えすることにしています。**すでにお客様は時間をかけて、最優先の目的を遂げられました。料理が冷めたりしないうちに、百点満点の料理を味わっていただく必要があるからです。**

しかし一方で、私はお客様が望むのであれば、言葉を尽くして料理の説明をすることも可能です。具体的には、

「平目やキャビアの産地はどこそこで、それがこのソースと組み合わさるとこういう理由で美味しいです。さらに、ただ今お召し上がりになっているシャンパンは黒葡萄《ぶどう》がすごく多くてこういう味ですから、この前菜ととても相性が良いのです。そして、今からお持ちする何種類もあるパンのうち、とくにこのパンと一緒に召し上がるとさらに美味しくなります」

といった説明です。

さらにその日のコースの中での位置づけや、シェフの想いなども伝えると、その一皿はコースの中の一皿でありながら、より特別な一皿になる可能性があります。つまり、百二十点、百三十点の一皿になるということです。

このようなサービスの違いは、小説や映画に置き換えて考えていただければ、お分かりいただけるかと思います。

優れた小説は、ただストーリーラインを追っても楽しく読めますが、読者によっては文章の細やかなテクニックを堪能《たんのう》することもできます。優れた映画

も、誰でも楽しめるとはいえ、人によっては細やかなカメラワークや演技を楽しむこともできます。

それでも、そのような細やかな楽しみ方を説明した文芸評論家や映画評論家の言葉が、すべての人に届くかといえば、そうではないでしょう。人によってはわずらわしく感じるだけなのではないでしょうか（実は、私も小説や映画に関しては、どちらかといえばわずらわしく感じてしまう方の人間です）。そんな七面倒くさい説明などなくたって、百点満点の楽しみがあるのですから。まして や、料理には温度という制限時間があります。

そこで無理やり知識をひけらかしても、それは九十点、八十点の料理にしてしまうサービスでしかないのです。これはとても大切なことなのですが、**サービスはお客様の楽しみたいことを最大限実現することであり、押し付けたり啓《けい》蒙《もう》したりすることではありません。**

だから、「話さない」ことも含めて、ベストなものを提供するのが本物のサービスなのです。

時には原則を外れて会話をしてもいい

サービスにおける会話の大原則は、前述の通り、「話さない」ことも含めてサービスであり、百点満点の料理を百点のままお出しすることを最優先にする、ということです。

それが大原則ではあるのですが、しかし、時には原則を外れて会話をすることもあります。

たとえば、これは高級レストランに慣れている方に多いのですが、レストランのスタッフと親しくなることを最大の楽しみにされているお客様の場合です。料理をお出しした際に、ひょんなことから話が盛り上がってしまい、二十分、三十分と話が続いてしまうことがあります。

その場合、料理は冷めてしまいます。つまり百点満点の料理が九十点、八十点となってしまいます。しかし、この場合は、**お客様の第一の目的がサービス**

スタッフとの会話である以上、それを実現することが百二十点、百三十点への道だと考えるべきでしょう。

もちろん、うまく切り替えられる瞬間があれば、「すみません、楽しいお話だったので、つい話し過ぎてしまいました。お料理が冷めてしまわないうちにお楽しみください」と、すっと引きます。そして、その料理を下げる際に「先ほどのお話の続きですが……」と言って戻るようにしています。

もちろん、自分一人が一つのテーブルにつきっきりになってしまうと、全体に目を配れなくなりがちです。また、あのテーブルばかり特別扱いして、と、他のテーブルの方々が不満を持たれる可能性もあります。当然ながら、すべてのお客様に、自分が最高のサービスを受けていると思っていただく必要がありますから、そのような事態は避けなくてはなりません。

そこで、**スタッフと仲良くなりたいと思っておられるお客様には、できるだけ、私以外のスタッフとも仲良くなっていただくようにしています。**私と別のスタッフが交替しながらテーブルでお話をすることで、そのお客様にはよりご満足いただくことができますし、他のお客様にも私の目が行き届くようになります。

このように、店内のオペレーションにも目配りできる柔軟さがあってこそ、優れたサービスが実現するのです。

また、本来はお会計が終わったお客様と長々とお話しするべきではありませんが、場合によっては長時間お話をしてしまうこともあります。

これは最近あったことなのですが、「クープ・ジョルジュ・バティスト」サービス世界コンクールで優勝した後、私はテレビ番組や雑誌から出演のオファーをいただく機会が増えました。そして、出演した朝のテレビ番組をご覧になって、ご来店いただいたお客様がいらっしゃいました。

お会計の時にそのお客様が、「ここのスタッフの方に、なにかの大会で優勝した人がいて、テレビでオレンジをむいているのを見て、それで来たんですよ」とおっしゃったのです。実は、私がその番組内でむいたのはオレンジではなくグレープフルーツでした。また、出演していたのが私であることも覚えていらっしゃらないようでした。

それでも、その番組をご覧になってご来店いただいたということは、とても嬉しいことです。出演していたのは私ですということをお伝えすると、「ああ、たしかにどっかで見たことあると思っていたんですよ」と、そのお客様も喜んでくださいました。そのまま話がはずんで、結局三十分近くも話し続けてしまいました。

これなども、原則としては良くないことです。しかし、原則として良くないからといって、それが自分だとも告げずに帰っていただくわけにはいかないでしょう。

もしかすると、そのお客様がその後再び、私が出演したなにかをご覧になって、「あれ？　あの人と会計の時に話をしたのに、なにも言ってくれなかったなぁ」とご不満に思われるかもしれません。実際、そのお客様にはたいへんご満足いただくことができ、ご親族のお誕生日を祝うために、個室でのご予約をいただきました。

レストランのサービスには原則や基本はありますが、マニュアルはありません。**お客様にとってベストな選択を、自分の頭で考えて臨機応変に行うこと。**それこそが、本物のサービスなのです。

お客様を覚えるための情報管理術

最初に白状してしまいますと、私はお客様を覚えるのが得意ではありません。とくに顔を覚えるのが苦手です。基本的にエピソードで記憶するタイプの人間ですので、かなり話が盛り上がったとか、そういう特別なことがない限り、なかなか顔を思い出せないのです。

しかし、不得意だから仕方ない、と捨て置くことはできません。そこで私は、可能な限りメモを取るようにしています。

もちろん、サービススタッフで情報が共有できるように、お客様のお名前と来店の日、担当したスタッフは誰かなどは、レストランのパソコンで管理するようになっています。しかし、自分がそのお客様とどのような会話をしたか、というパーソナルなことは、パソコンで残しておくことはできません。

そこで、何度も来店していただけそうなお客様や、私がだいぶお話ししたテーブルのお客様の情報は手書きで記録するようにしています。いただいた名刺に「〇月〇日の〇番テーブルで、こういう方だった」と書き込んだり、ポストイットに書き込んで手帳に貼っておくのです。この、**今日あったことを思い出して手書きをする、という行為自体が、記憶の定着に少しは良い効果を及ぼしているはずです。**

そしてもし、記憶にぼんやりと残っているお客様が来店された場合、手帳を開いて、以前の情報を把握してから接客するのです。二回目、三回目と何度か来店されてお客様を完全に覚えることができたら、その時にはポストイットのメモを捨てるようにしています。

そうやってレストランのパソコンのデータと、アナログな個人的な記録を駆使して、一生懸命思い出して、何かしらよみがえってくる記憶があれば、「たしか去年もいらっしゃいましたよね」などと、お声掛けをします。人間誰しも、自分を覚えてもらっていれば嬉しいに決まっているからです。

世界一になってから困っているのは、お店の外で名刺交換をする機会が増えたことです。とくに複数の方々とお会いした際に、いろいろと名刺を交換したとします。そして別れ際に、その中のお一人から「今度妻と行こうと思いますので、よろしくお願いします」と言われた場合、それ自体はとても嬉しいのですが、顔と名前が一致していない上に、レストランのデータにもないため、完全にお手上げになってしまうのです。

中には、名刺交換をしていない状態で、そのようにおっしゃってくださる方もおられます。それも、もちろんとても嬉しいのですが、覚えておくことはさらに困難を極めます。

その場合は仕方ないので、「すみませんがご予約の際に、どこそこで誰々と一緒に宮崎に会った◯◯様だと伝えてください」と、正直にお願いすることにしています。そして自分でも、名刺やポストイットにその方の情報をまとめて書いて、手帳に貼って残しておくのです。本当に来店していただければ、手帳を開いて情報を確認し、記憶を思い出してから接客に臨みます。

名刺やポストイットで残しておく記録のうち、ほとんどは、残念ながら二度と使われることはありません。それはもちろん無駄といえば無駄です。しかし、必要な無駄だと私は考えます。

シャトーレストラン ジョエル・ロブションには、脳内だけで素晴らしい記憶をしているサービスマンも複数います。私は彼らには到底敵わないので、その分を、労力を払ってカバーしていくしかないのです。

お客様と、ずっとつながり続ける秘訣

お客様に気に入っていただき、リピーターになっていただけた……それはゴールではなく、むしろスタートになります。そのまま放っておいたら、お客様の中でのシャトーレストラン ジョエル・ロブションや宮崎辰の優先順位は下がっていってしまうかもしれません。

馴染みのお客様であれば、ジョエル・ロブション氏が来日して厨房《ちゅうぼう》に立ったり、特別な料理の提供をはじめたりなどといったニュースがあれば、そのことをダイレクトメールでお知らせします。また季節ごとのお手紙、たとえばクリスマスカードや年賀状、暑中見舞いや残暑見舞いなどもお送りします。

もう十年くらい、お誕生日の前にご連絡を差し上げている方もいらっしゃい

ます。もちろん毎年ご来店いただけるわけではないのですが、そのような連絡が来ること自体は、誰でも嬉しいはずです。目先の結果にとらわれずにじっくり続けることが大事なのだと思います。

また、最近ではメールでやりとりをさせていただくお客様も増えました。そういう方々は、**予約もメールでしていただくことがあります。それらの応対などは、通勤の電車内などで行っています。**お店の中でも外でも、常時サービスをしているようなものですが、お客様との関係を築くには、とても大切なプロセスです。

さらに、予約の予約をさせていただくこともあります。どういうことかと言いますと、シャトーレストラン ジョエル・ロブションの予約開始は、二ヶ月前というルールになっています。しかし、二ヶ月以上先の予約を希望されるお客様も、中にはいらっしゃるのです。

そのような場合でも、やはり二ヶ月前にお客様から改めてご予約していただかなければなりません。ルールを破ってまで、特定のお客様だけを特別扱いすることはできないからです。それでもたとえば、五月一日が予約開始日なのに、その日に連絡がなかったお客様に対して五月二日にお伺《うかが》いの電話を差し上げる、といったサービスをすることは可能です。

サービスマンは、お店の中でだけベストを尽くせばいいというわけではありません。サービスという仕事は、人と人の間で成り立つ仕事です。**つながり続けるための努力を怠《おこた》らないこと。**それもサービスマンに求められる能力の一つなのです。

女性の気持ちに寄り添えるように

シャトーレストラン ジョエル・ロブションにいらっしゃるお客様は、多くは男女お二人でいらっしゃいます。しかし男性同士、女性同士でいらっしゃることもあり、男性同士の場合はほとんどが接待、女性同士の場合はほとんどがお友達同士でのご来店となります。

短期的な客単価だけを見れば、男性のお客様の方が女性のお客様よりも高くなります。お料理もお酒も、多くお召し上がりになるからです。また、女性同士の場合はディナーではなくランチでいらっしゃる方が多いです。

しかし、男性客の方が女性客より大事かというと、そんなことはありません。もちろんどちらも大切なお客様ですが、**とくにレストランの経営の安定、という観点から考えれば、女性のお客様はとても大切になるのです。**

どういうことかと言いますと、女性のお客様がお二人でいらして、とても満足して帰っていかれた、とします。そうするとそれぞれのお客様が、今度は別のお友達と一緒に来店してくださるのです。さらに、その女性の方々が、それぞれ、旦那様や恋人とご一緒にいらっしゃることもあります。

このように、女性の口コミは本当に強い影響力を持っているのです。それゆえ、お友達同士でどこか素敵なレストランはないか、といった話題になった際、シャトーレストラン ジョエル・ロブションの名前が出ること。それが本当に大切なのです。

普段つきあっている友達は、やはり趣味が同じだったり、味覚やセンス、生活習慣が同じだったりするはずです。だからこそ、話が合って、友達になっているわけです。その友達に薦められれば、やはり行きたくなるに決まっていま す。私自身、友達に「最近美味しいレストランはあそこだ」と言われれば、じゃあ今度行ってみようか、と考えます。

さらに最近では、ツイッターやフェイスブック、ブログなど、ますます広範囲な方々に口コミが発信されるようになっています。これらの活用に積極的なのも、やはり男性よりも女性の方が多いようです。

では、女性のお客様の心をつかむために大切なのはなにか。それは、女性が興味のあるものを自分も好きになることです。たとえば、私は女性誌をなるべく読むようにしています。ただ、それは幸いなことに、自分自身がたまたまファッションが好きだ、ということもあるのですが。

そういう点で、レストランのメートル ドテルをしておりファッションも好きである、という私は、女性のお客様の心をつかむのは比較的得意な方だと思っています。やはり多くの女性にとって、食べることとファッションは、とても重要な関心事ですので。

そういえば、サービス業にゲイの人が多いということ、とくに優れたサービスマンにはゲイが多いということは、偶然ではないと思います。フランスのレストランには、たいていの店で一軒に一人はゲイのサービスマンがいるのです。男性の心も女性の心も分かるゲイの方は、いいサービスマンになれる可能性が高いということでしょう。

もちろん、サービスマンが相手にするのは人間ですから、男女差と同様に、いや、それ以上に個人差が大きいです。単純に男性だから、女性だから、で分けることなどできません。

しかし、あくまで一般論として、男性のサービスマンは、女性客の気持ちを分かるように努力する必要があると言えるでしょう。

朝食を食べずにいい仕事はできない

私はこれまで、朝ご飯を食べずに仕事に出かけたことは二回しかありません。**どんなに忙しい時でも、寒い朝でも、必ず朝食を食べられる時間に起きる**

ことにしています。

たとえば八時半に家を出るのであれば七時半に、九時半に家を出るのであれば八時半に起きます。本当はもっと早く起きたいところなのですが、世界大会に向けての勉強を続けていた期間は、ただでさえ睡眠時間を削っていたため、このくらいの時間が限界でした。それでも、なるべく生活リズムを一定に保ちたいので、もっと遅い時間に家を出ればいい日でも、やはり八時半には起きるようにしています。

朝食のメニューも決まっています。パンと卵とフルーツ、そして牛乳とコーヒーです。休みの日には、それにスープがつきます。

もちろんパンは美味しいものを選びますし、フルーツは旬のものにしています。コーヒーも、やはりこだわって選んでいます。それらを、その日の新聞に目を通しながら味わうのです。

朝食の中で私が一番大切に考えているのは、コーヒーです。単純にコーヒーが好きだということもあるのでしょうが、美味しい一杯を朝に飲んでおかないと、頭が覚醒した気になれないのです。

私の仕事はお店に着く前からはじまっています。通勤電車の中でも、お客様のメールの応対をしたり語学の勉強をしているのです。そのため、家を出る時には、すでに仕事モードになっている必要があります。

欠かさないのは朝食だけではありません。ひげを剃《そ》って顔を洗って、髪を整える時間を必ず取ります。髪の毛がボサボサでひげも剃らない、といった状態で家を出ることは、決してしません。

オンとオフの切り替えをかっちりと行うこと。そのために必要なことをルール付けて、毎日それを続けること。私にとっての仕事は、仕事をする前からはじまっているのです。

第2章

日本一になるために大切なこと

出会いに感謝し具体的な「目標」を持つ

一九九七年のこと、私が調理師学校での勉強を終えて最初に入ったレストランは、国分寺のレストランでした。自分の実家の近くにある立派なレストランだから、という理由で入ったのですが、**そこにたまたま、「日本一のサービスマン」がいたのです。**

私は幸せなことに、人生を変えるような素晴らしい出会いを、何度かしています。この出会いも、私の人生に欠かせない出会いでした。

その方は矢野智之氏。背が高くて顔もかっこよく、圧倒的な存在感がある方で、私はあっという間に魅了されてしまいました。

お客様から見えないところでは典型的な九州男児で、競馬新聞を愛読し、お酒も強くて、とても豪快な方でした。ところが、ひとたびタキシードを着用してお客様の前に出た途端、まるで役者のように振る舞い、見る人すべてを魅了してしまうのです。

見習いとして一からサービスの勉強をしていた私にとって、矢野氏は憧れの存在でした。とても口に出して言うことはできませんでしたが、**いつか自分も矢野氏のようになりたい、という思いが、辛い修業時代の日々の心の支えだったのです。**

しかし一方で、かなり生真面目でネアカとは言いがたい自分には、矢野氏のようなナチュラルなカリスマ性があるとは思えず、到底届かない存在なのではないか、という不安にも苛まれるのでした。

こうして、見習いの仕事を続けていたある日、職場の先輩方の「彼は日本一のサービスマンだからね」という話が耳に入ってきました。それはどういうことなのかと教えてもらうと、どうやら矢野氏は、前年の一九九六年に開催されたサービスマンのためのコンクール、第三回メートル・ド・セルヴィス杯で優勝し、日本一に輝いたというのです(当時はまだ世界大会は開かれていませんでした)。

メートル・ド・セルヴィス杯、そして日本一のサービスマンという目標の存

在を、私が初めて知った瞬間でした。しかし、その時の私にとってそれは、とても遠すぎる目標でした。日本一を目指す以前に、目の前の雑用さえ満足にこなせていなかったからです。

それでも、目の前に本物の「日本一のサービスマン」がいて、その仕事ぶりを間近に見ることができるというのは、サービスマンとして最高のスタートだったと思います。だって、**生の「日本一のサービスマン」とはこういうものだ、という具体的なイメージを持つことができたのですから。**

その矢野氏が港区にあるレストランに支配人として移籍されて、他の何人かの方と一緒に、私もそのレストランに移籍しました。そこに矢野氏の補佐役として入ってこられたのが、すでに本書の前の方で何度もお名前が出ている、坂井ひろし氏でした。これも、私の人生に欠かせない、素晴らしい出会いとなりました。

坂井氏は矢野氏と正反対の方で、表でも裏でも変わりなく、というより二十四時間ずっと、実直にサービスのことだけを考えておられる方でした。そして自分でしっかり考え、調べた後であれば、私にも惜しげもなくノウハウやテクニックを教えてくださったのです。

そのレストランでは、肉料理やデザートのゲリドンサービスをしていました。ゲリドンとはワゴンのことで、**ゲリドンサービスとはつまり、お客様の目の前で料理の最後の仕上げをするサービスのことです。**

今では、やっていないレストランの方が多いサービスですが、コンクールに出るためには必須のテクニックとなっています。それを若い頃に見ることができたのは幸運だったと思います。

このゲリドンサービスの内容について、もう少しだけ詳しく説明させていただきます。

肉料理の場合は、たとえば仔牛の骨付き肉をデクパージュ(切り分け)して骨を取って、盛り付けてソースをかけて付け合せを盛って、ということを行います。

デザートの場合は、たとえばクレープ・フランベなどです。これは、まずはフライパンに砂糖を焦がしてその後にレモンを入れて、バターとオレンジジュースを入れてキャラメルオレンジソースを作り、そこにクレープを入れて、お客様の目の前で四分の一の大きさに折りたたみます。そして、さらにアルコールを入れてフライパン上に火をつけ、アルコールを飛ばします。燃え上がる炎と香りを楽しんでいただいた上でお客様に取り分けることになりますから、目にも鼻にも美味しいサービスです。

このようなデクパージュや調理などのサービスは、自分でやってみないと身に付きません。しかし、坂井氏がゲリドンサービスをする際の立ち居振る舞いや姿勢、お客様との距離、ワゴンとの距離などは、今でもしっかりと目に焼き付いています。そして、その経験は、コンクールの勉強をする時にとても役に立ちました。

矢野氏と坂井氏。サービスマンとしての完成形を、お二人は私に自らの存在で伝えてくださいました。このお二人に出会っていなければ、現在の私はありません。

出会いに感謝し、出会いを活かすこと。具体的な「目標」にできる人を見つけること。もし仕事で大きなことを成し遂げたいのなら、絶対に必要なことだと思います。

メートル・ド・セルヴィス杯での激闘のはじまり

私が長い間の憧れだったメートル・ド・セルヴィス杯に初めて挑戦したのは、二〇〇六年、二十九歳の時でした。その時は、恩師の坂井ひろし氏が支配人である表参道のレストランで、メートル ドテルの補佐役であるシェフドランを務めていました。もちろん、サービスマンとしての自分の実力には、すでにある程度自信がありました。それでも、まだシェフドランだったこともあり、さすがに日本一に届くとは思っていませんでした。あくまでも腕試しとして初挑戦してみよう、と考えていたのです。

その戦いの様子を説明する前に、まずは、メートル・ド・セルヴィス杯とはどのような大会なのか、簡単に説明をさせていただきます。

この大会は、パリに本部を持ち、一九六一年からサービスコンクールを行っていたクープ・ジョルジュ・バティスト協会の後援を受けて、フランス料理文化センター（ＦＦＣＣ）の主催ではじまった日本で唯一のサービスコンクールです。**後に「クープ・ジョルジュ・バティスト」サービス世界コンクールが開かれるようになると、世界大会への日本代表を選ぶ大会、として位置づけられるようになりました。** 基本的には二年に一回のペースで開かれています。

大会はまず、地方予選からはじまります。行われる都市は東京、大阪、名古屋、福岡の四つです。参加者は、レストランで働いている人もいれば、ホテルに勤めている人もいます。そこでいくつかの課題が課され、肉のデクパージュ（切り分け）やフルーツのカッティングなどを行って予選通過者が決まります。

予選通過者は三十一名。彼らを東京に集めて、準決勝が行われます。課題はさらに高度になります。

たとえばオーダーテイク。お客様にメニューをお渡しして、お客様と会話をしながらオーダーを取るという実技試験です。これはフランス語か英語、どちらかの言語を使用しなければなりません。語学力がなければ、ここで落ちてしまいます。

他に、ワインのブラインドテイスティングと栓《せん》抜き、デキャンタージュの課題もあります。ブラインドテイスティングは赤白一種類ずつの銘柄を当てる試験で、栓抜きやデキャンタージュは完全な実技試験です。当然、ソムリエとしての高い能力が求められます。

さらに、チーズの試験もあります。これは十種類並んだチーズを見たり匂《か》いを嗅いだりして、十分以内にそれぞれの正式名称とタイプ、国や産地などを言い当て、それぞれの言語で書く、という試験です。

これら、メートル ドテルに必要な幅広い技量の試験を早朝から開始して夕方まで行い、その日のうちに結果が発表されます。ここで、**全国から選ばれた三十一名の中でも優れた成績を収めた、決勝進出の五名が決定するのです。**

初めて参加した私は、さすがに地方予選を通過する自信はありました。そして実際に地方予選を通り、さらに準決勝も通過することができたのです。自分の名前が上位五名として呼ばれた時の喜びを、今でも覚えています。

決勝戦は五人全員がタキシードを着て、大きなホテルで開催されます。そこでは、実際のレストランが再現されます。一つのテーブルを担当し、アミューズ・ブーシュ、前菜から魚、肉、チーズ、デザート、コーヒーまでのサービスを行って点数を競うことになります。五人の選手それぞれに、六人もの審査員がつきます。うち四人はお客様に扮《ふん》して、他の二人は選手の後ろについてまわります。

まずはテーブルセッティングからはじまって、今日の料理のメニューが渡されます。そのメニューを見ながら必要なものすべてを、コンソールと呼ばれる作業台に集めます。

たとえば前菜がサーモンのタルタルをお客様の前で作ってお出しする、というものだったとします。そのために必要なナイフ、フォーク、スプーンを瞬時に把握できなくてはなりません。もちろん銀器だけではなく、オリーブオイルなのか、ピーナッツオイルなのか、お酢《す》は必要か、塩、胡椒《こしょう》はちゃんとあるのかということも判断して準備をするのです。これは、足りなければ当然ながら減点対象になりますし、ありすぎても減点対象になります。

そのうえで、四人の審査員が扮するお客様をお迎えして、ゲストは誰でホストは誰かを見極めながら座っていただき、まずは食前酒からはじめて、一通りのオーダーを受けていきます。そのオーダーをフランス語でしっかりと書いて、キッチンに渡さないと料理は出てきません。

お客様に扮している審査員の中には外国人の方も必ず入ります。ですから、それに合わせて外国語の語学力もチェックされることになるのです。さらにキッチンに渡したオーダーにスペルミスや誤字脱字があれば、それも減点対象となります。

そして、キッチンから出てきた料理を四人の審査員に提供していきます。そのサービス方法も、大きく分けてフランス式、イギリス式、ロシア式など、方式によって細かなやり方が変わります。

食前酒、前菜、白ワインのサービス、魚料理をお客様の前でデクパージュ（切り分け）してのサービス、そして赤ワインのサービスがあって、肉料理。もちろん羊料理が出るか鴨料理が出るかなどは、当日まで分かりません。ですからデクパージュの技術も、あらゆる肉料理に対応できるようにしておく必要があるのです。

その後にはチーズのサービスとなりますが、「僕はチーズはいらないから食後酒をくれよ」とか、「シガーを吸いたいから用意してくれ」とか、そういう要望にも対処する必要が出てきます。

デザートも、目の前でソースを作って完成させて、提供することになります。そして最後にコーヒーです。これもフランス式、イギリス式、ロシア式のいずれか指定された方法で適切にサービスする必要があります。

このように食前酒からコーヒーまでのサービスをやりきった上で、採点が行われるのです。サービスマンの技量を総合的に測る、極めて厳しい審査だと言えるでしょう。**あらゆるテクニックに精通したサービスマンだけが、日本一の栄冠を手にすることができるのです。**

私は、ただでさえ予想外の決勝進出でしたので、肩の力を抜いて、とにかく全力を尽くしました。その結果、思いもよらぬことに準優勝できたのです。残念ながら日本一にはあと一歩届きませんでしたが、もともと優勝できるとは思っていなかったこともあり、悔しさよりも喜びが勝っていたのを覚えています。**なにより、自分がこれまで積み重ねてきた努力が正しかったのだと証明されたことが嬉しかったです。**

また、私の審査を担当されたレストランひらまつの支配人の方が、審査後に坂井氏のところに行って、「あいつは若いのになかなかやりますね」と言ってくださったそうです。坂井氏は「自分の下で一生懸命にやっていたから当然です」とおっしゃったそうですが、そのような話も、恩返しができたようでとても嬉しかったです。

ある意味、邪心のなさが良い結果を生んだのでしょう。当然次回は優勝できるものと思い込んでいました。ところが、その後に思いもよらぬ苦しみが続くことになるとは、その時はまったく思っていませんでした。

今になって考えてみれば、その時に若くして優勝していたら天狗《てんぐ》になっていたでしょうから、その時に優勝できなくて良かったと考えています。しかしそれも、その後の苦しみを乗り越えた今だから言えることなのかもしれません。

挫折を乗り越える方法は練習しかない

こうして、第十二回メートル・ド・セルヴィス杯で準優勝した私は、二〇〇八年の第十三回大会での優勝を目指していました。ところが、**その時の私には**

明白な弱点があったのです。それはデクパージュ、つまり鴨や羊などをお客様の前で切り分ける技術でした。

それをもっとしっかりと学ぶ必要があったのですが、勤務している表参道のレストランは、多彩な小皿料理を提供することで有名なレストランであり、デクパージュの技術を学ぶことはできませんでした。

そうは言っても、支配人である坂井氏の下で働けることは、私にとって大きな喜びでした。とくに、二〇〇七年にはシェフ ド ランから念願のメートルドテルに昇格することができ、仕事も順風満帆だったのです。

ですから、日本一を目指すことと、レストランでの居心地の良さとの間で、私は揺れ動いていたのです。

その揺れ動いた心を抱えたまま、私は二〇〇八年十一月、第十三回メートル・ド・セルヴィス杯を迎えました。しかし、「絶対に優勝するぞ」と気負ってしまった私は、自分の力を出し切ることができず、結局三位に終わってしまいました。

二年前には初出場で準優勝し、幸福の絶頂にいたのです。それから二年、さらに修練を重ねて技量は上がっていたはずなのに、結果として勝てませんでした。それは本当に悔しく、また情けなかったです。次の大会は、さらに二年後でした。

それでも、歩みを止めるわけにはいきません。**ここまで頑張ってきて、日本一にならないで終わるわけにはいきません。私にできることは、さらに二年間、練習を積み重ねることだけでした。**

ところがある日、私は会社に呼び出されました。ただならぬ雰囲気は感じていましたが、私を呼び出した方からのお話は、とても衝撃的なものでした。「坂井支配人が会社を去るので、代わりに君を支配人にしようと考えているのだが、やってみる気はあるか」ということだったのです。

坂井氏の他にも、そのレストランでの複数の重要なポジションを若手に代えるということでした。坂井氏は、そのレストランが成長するために全力を尽くしてきました。その坂井氏と、坂井氏と一緒にレストランを支えてきたベテランの方々が一斉に会社を離れざるを得ない、というのは尋常《じんじょう》なことではありません。

当然のことながら、恩師である坂井氏に代わって支配人になることなど、私にはできません。また、三十二歳で現場を離れるということにも、チャンスというより、強い危機感を覚えました。現場を離れてしまっては、日本一という目標がさらに遠くなってしまうのは明らかでした。

私はその場で、会社を辞める意思を伝えました。そして坂井氏が会社を去った少し後に、私も会社を去りました。その表参道のレストランは、その後しばらくして閉店してしまいました。

そのような経緯があって、私は新たなレストランで働きながら、再度日本一を目指すことになりました。フランス料理文化センター（ＦＦＣＣ）で定期的に行われる講習会にも、それまで以上に足繁く通いました。そこでは、日本のサービス技術の基礎を作り上げた下野《しもや》隆祥《たかあき》氏による講習を受けることができるのです。

そうして学んだ技術を、家に帰ったら自分で食材を買って調理し、ビデオに撮りながら練習を続けました。**それはとても地味な練習の繰り返しでしたが、それ以外にデクパージュが上手になる方法はなかったのです。**

デクパージュをするのはどの食材でもたいへんなのですが、とくに苦労したのは魚料理でした。

たとえばイタリア料理だと大らかに、多少骨がついていても、「それはそれで美味しそうでしょう?」といった感じでお皿に盛ってしまいます。

しかしフランス料理の場合は、魚の骨は全部綺麗に取った上でエレガントに盛り付けないといけません。しかも、デクパージュをしている最中の姿も美しくなくてはなりませんし、なおかつお客様に会話を楽しんでいただかなくてはならないのです。

さらに鳥料理は難しくて、鶏や鴨を一羽丸ごと買ってきては、肉の付き方や骨の構造を考えながらナイフを入れていきます。そしてもったいないですけど、ぐちゃぐちゃになるまで解体して、身体の構造を完全に頭に叩き込むのです。そうしてようやく、どこにナイフを入れれば綺麗に切ることができるかが、ちょっとずつ分かってくるのです。

食材費には多額のお金が消えていきました。**家賃や光熱費をはじめ最低限の生活費を抜いた、残りのほぼすべてを食材費に使っていたのです。**貯金はほとんどできませんでした。

また、調理師学校時代からの友人であり、恵比寿でフレンチレストラン「moRi」のオーナーをしている森シェフ、そして第一章に書かせていただいた、銀座のレストランで働いていた時からのお客様であるK様にも、何度も練習に協力していただきました。

具体的にどのように協力していただいたかというと、電話でK様に「特別な料理をご用意するのでご来店いただけないでしょうか」とお願いします。そしてご来店いただいたK様のために、特別に森シェフが丸焼きしてくれた鴨や羊を、私がお客様の前でデクパージュさせていただくのです。

もちろん森シェフの特別な一品料理なら美味しいに決まっていますし、それに合う最高のワインを私がセレクトしますから、それも美味しいはずです。そうは言ってもしかし、実際にお客様の前でデクパージュする練習に付き合っていただくことなど、**本当に信頼関係があり、私が日本一になることを応援してくださるお客様にしか、お願いできることではありません。**

そのように多くの方々に助けていただきながら、さらに技量を磨いていったのです。

チャンスを見逃さない、ひるまない

いよいよ第十四回メートル・ド・セルヴィス杯が間近に迫ってきた二〇一〇年、思いもよらぬオファーが来ました。シャトーレストラン ジョエル・ロブションで、メートル ドテルとして働かないかというオファーでした。ずっと良くないことが続いていた私にとって、それは耳を疑うような素晴らしいチャンスでした。

しかし同時に、二つの不安が胸をよぎりました。

一つ目は、そのために二年間を捧げてきた**メートル・ド・セルヴィス杯が間近に迫っている状況で、職場を移るリスクへの不安**でした。どのようなレストランでも、仕事に慣れるまでの数ヶ月間はとくに苦労します。その中で、コンクールのための勉強を続けるのがたいへんなのは明らかでした。

二つ目は、**シャトーレストラン ジョエル・ロブションで自分が本当に通用す**

るのか、という不安でした。日本最高峰のフレンチレストランで、しかもメートル ドテルとして働くことに重圧を感じない人間など、おそらくいないでしょう。

ジョエル・ロブションとは、フランスで「世紀最高の料理人」と呼ばれ、すでに伝説となっているシェフの名前です。一九八一年に三十六歳でレストラン「ジャマン」(後の「ジョエル・ロブション」)をオープンすると、当時のミシュラン史上最短で三ツ星を獲得。十三年連続で三ツ星を維持したまま、五十一歳の時に「完璧な味とサービスを求め、最高の状態で辞めたい」と惜しまれながら店を閉めたのでした。

その後は多くの優れた料理人を育成するとともに、様々なスタイルのレストランをオープン、いずれも世界中の食通に愛されるレストランとなっています。その中の最高峰として位置づけられているのが、恵比寿ガーデンプレイスのシャトーレストラン ジョエル・ロブションなのです。

シャトーレストラン ジョエル・ロブションの二階にある「ガストロノミー ジョエル・ロブション」は日本にミシュラン・ガイドが上陸して以来、ずっと最高評価の三ツ星を維持し続けています。またシャトーレストラン ジョエル・ロブション一階の「ラ ターブル ドゥ ジョエル・ロブション」と、六本木ヒルズにある「ラトリエ ドゥ ジョエル・ロブション」も二ツ星を獲得しています。

さらに世界に目を転じると、ジョエル・ロブション氏のレストランは二〇一一年発刊のミシュラン・ガイドで、三ツ星レストラン三つを含む計二十六個の星を獲得しています。**つまりジョエル・ロブション氏は、世界で一番多くの星を持つシェフなのです。**

そのような理由で、私はこのオファーを嬉しく思う反面、そんな素晴らしいレストランで本当に自分が通用するのか、大きな不安も感じていたのです。それでも私は、後ずさりはしませんでした。チャンスにひるんでいては、自分を高めることなどできないからです。

こうして私は、シャトーレストラン ジョエル・ロブションという最高峰のレストランで働きはじめたのでした。

苦しみながらつかんだ日本一の栄冠

二〇一〇年九月、私はシャトーレストラン ジョエル・ロブションのメートル ドテルとなりました。サービスマンであれば、誰もが憧れる夢の舞台に立てたのです。しかし、**そこで直面したのは、自分の力が通用しないという厳しい現実でした。**

理由はいくつかありました。一つは、単純に他のサービスマンも高い力量を持っているということです。たとえば、私が準優勝した第十二回メートル・ド・セルヴィス杯の優勝者、野平聡《のびらただし》氏。その野平氏はじめ、本当に能力の高いサービススタッフが集まっていたのです。しかも、この最高峰レストランで、オープン当時から働き続けているスタッフも何人もいました。

そのような精鋭揃いの中に、三十三歳の若造がメートル ドテルとして入っていったわけです。そして、まだスタッフの名前と顔も覚えきれていない中、

「当然このくらいはできるだろう」という感じで仕事がはじまりました。

今思えば、さすがに私自身の技量が足りないということはなかったですし、またメートル ドテルという職責から考えても、そのくらいはできてしかるべきなのですが、サービスはチームでやるものです。**ハイレベルなスタッフと人間関係を築き、料理の特性を知り、さまざまな店の癖を知るまでは、自分なりに納得できるサービスなどできるはずがありません。**

しかも、メートル・ド・セルヴィス杯の決勝戦は十一月に迫っていましたから、あと二ヶ月しかありません。こちらももちろん、四年越しの夢をあきらめるわけにはいきません。


そのような重圧が一気に圧《の》しかかってきたからでしょう、入社からたったの二週間で、私の身体は異常を訴えるようになりました。

朝、目が覚めても、なかなか起き上がれません。頑張って起き上がっても、今度は頭痛がしてきます。毎日、身体を引きずるようにして職場に向かいました。**そのような苦しい日々を助けてくださったのは、私を贔屓《ひいき》にしてくださるお客様でした。**馴染みのお客様が「新しいお店に移ったって聞いたから、来たよ」といらしてくださると、その日はずっと、楽しく過ごせたのです。もし、そのようなお客様方がいらっしゃらなかったら、私の心身は持たなかったことでしょう。

早くシャトーレストラン ジョエル・ロブションに適応しないといけない、という焦りと、間近に迫るメートル・ド・セルヴィス杯。あまりにも大きな二つの課題を前にして、せめてどちらか片方だけでも投げ出してしまえば、どんなに楽だろう――そう思いました。

それでも、周りの人々に助けてもらいながら、なんとか毎日、お店に立ち続けました。もちろん、コンクールへの練習も、毎日続けました。

そのような状態のまま、十一月二十五日、ロイヤルパークホテルにて、メートル・ド・セルヴィス杯の決勝を迎えたのでした。そしてついに私は、三度目の挑戦で優勝することができました。**私がサービスの世界に足を踏み入れてから、ずっと憧れ、追いかけ続けてきた**「日本一のサービスマン」という栄冠を、ついに手に入れることができたのです。

優勝したことによって、ようやくシャトーレストラン ジョエル・ロブションでの仕事だけに集中できるようになりました。そうすると、面白いもので身体の不調もいつの間にか消えていきました。

自信を持つための唯一の方法は、練習を積み重ねること

二〇一〇年は、これまでの人生でもっとも辛い年でしたが、終わってみれば、素晴らしい転機の年になりました。

まず、世界最高峰のレストラン、シャトーレストラン ジョエル・ロブションのメートル ドテルになることができました。そしてさらに、第十四回メートル・ド・セルヴィス杯で優勝して、長年の夢であった日本一のサービスマンの座を手に入れることができたのです。

ところが、私の挑戦はそこで終わりを告げたわけではありませんでした。その先に待ち受けていたのは、世界一への挑戦という、さらに険しい道のりでした。**私は日本一となったことで、世界大会への出場権を手にすることができたのです。**

その世界大会について、少し説明をさせていただきます。

大会の名前は「クープ・ジョルジュ・バティスト」サービス世界コンクールといいます。世界十四カ国のコンクールで選出された代表たちが集まり、腕を競い合う大会です。

そもそも「クープ・ジョルジュ・バティスト」とは、一九六一年より続く、伝統あるサービス世界コンクールです。名前を冠しているジョルジュ・バティスト氏は、フランスで活躍した高名なサービスマンです。氏が一九六〇年に亡くなったことを受けて、氏の功績を讃《たた》えるために、フランスにおける大規模なサービスコンクールとして開催されるようになりました。

一九九一年からはフランスだけではなく、ヨーロッパを舞台にした大会も開催されるようになりました。さらに二〇〇〇年には、第一回世界大会がカナダで開催。その後、二〇〇四年にフランスで第二回大会が開かれ、さらに二〇〇六年にメキシコで第三回大会、二〇〇九年にベトナムで第四回大会が開催されました。

そして、二〇一二年の第五回世界大会は、日本で開催されることになっていました。**つまり私は、初めて日本で開催される記念の大会に、日本代表として挑むことになったのです。**

競い合う相手は、フレンチの本場であるフランスをはじめ、世界中から選び抜かれた一流のサービスマンたちです。そう簡単に勝てる相手ではありません。それでも、開催国の代表として出場するわけですから、敗北することは許されません。日本一に挑戦した時よりも、はるかに大きな重圧が襲ってくることは、間違いありませんでした。

しかし、日本一になった後、シャトーレストラン ジョエル・ロブションでの仕事にも慣れてきて、満足のいくサービスができるようになってきていました。世界一という目標に集中できる環境は整っていました。

「優勝するしかない。絶対に世界一になる」

そう、決心しました。

自信はありませんでした。しかし、自信を持つための方法は、ただ一つ、練習を積み重ねることだけなのだということを、私はすでに知っていたのです。

誰でもできることを、やり続けることの大切さ

世界大会の課題は、全部で九つあります。そのうち、デクパージュの技術などを駆使しつつ料理をお出しするものが六種目あって、「前菜」「魚料理」「肉料理」「デザート」「コーヒー」「カクテル」です。さらに「オーダーテイク」「アルコールのデギュスタシオン(飲み比べ)」「テーブルセッティング」の三種目があります。サービスマンとしての総合的な能力を測る世界大会では、もちろんサービスのあらゆることを完璧にしておく必要があります。

私は、その中でも特に重要な鍵を握るのは、デクパージュ(切り分け)の技術であろうと考えました。

その場のアドリブが要求される他のサービスに比べ、デクパージュは不確定要素がほとんどありません。可能性がある食材をすべて我が物にしておけば、「やったことがあるもの」しか求められないのです。ですから、デクパージュ

が得意であれば、得点が高いところで安定するのです。

そしてなにより、デクパージュは、やれば誰でもできるようになります。

たとえば自転車などは、運動神経が良い人であろうが悪い人であろうが、やり続ければ必ず乗れるようになりますよね？　それと同じで、デクパージュも肉の構造だったり、果物へのナイフの入れ方だったりというのは、繰り返し繰り返し練習することで、誰でも必ず習得できるのです。

しかしデクパージュと自転車には違うところもあります。それは、習得するまでの時間がとてもかかることです。それに、食材がなくては練習できませんから、食材費も相当かさみます。それでも、私は国内大会の時以上にたくさんの食材を買い、毎日欠かさず、練習を積み重ねました。

休みの日には、フランス料理文化センターのショールームをお借りして練習しました。そこは東京ガスの後援によるショールームですので、極めて水準の高い施設となっているのです。さらに、専属のシェフやサービス講師がいらっしゃいます。シェフに焼いていただいた食材を使って、機材をお借りして、朝から晩まで練習を続けたのです。

さらにサービス界の第一人者である下野隆祥先生にも、何度も練習に立ち会っていただき、アドバイスをいただきました。下野先生の講習会に何度も通っていた身としては、このように特別に教えていただけることは、とてもありがたいことでした。

そしてある日、**突然、自分のナイフが、まるで手のように感じられるようになりました。**骨にあたった感触などが、まるで自分の手で触っているように細やかに、明確に、感じられるようになったのです。

一度その感触を覚えてからは、自分でも驚くくらいデクパージュができるようになりました。そのあたりも、自転車に乗ることを覚えるのと、デクパージュの習得が似ているところだと思います。

使い続けたナイフは身体の一部になる

ここで、私の大切な戦友である二本のナイフについて、述べておく必要があるでしょう。よく、「弘法筆を選ばず」と言いますが、私はそうは思いません。**道具は選ぶべきだと思います。**仕事の後輩たちにも、そのようにアドバイスしています。

ところが、時々、「道具を選ぶ」という意味を間違えている人がいます。ただ単に高い道具を使えばいい、新しい道具を使えばいい、という考え方の人です。しかし、私が考える「道具を選ぶ」というのは、そういうことではありません。

私が現在、デクパージュに使っているナイフは二本あります。一本はエマンスールナイフ。もう一本はペティナイフです。

エマンスールナイフは長めのナイフです。フランス語の動詞に「薄切りにする」という意味のエマンセという単語があります。ですから、薄切りにするためのナイフだということになります。肉料理などは、このナイフを使っています。

次にペティナイフ。こちらは短めで、リンゴをむいたり、オレンジをむいたりなど、フルーツの皮をむくのに使うナイフです。

この二つのナイフは、二〇〇六年に第十二回メートル・ド・セルヴィス杯に出場して、準優勝した時に副賞としてもらったものです。大会スポンサーである藤次郎というナイフメーカーのもので、とても品質が良いのです。グリップもしっかりしていて、手の大きい私にはほんとうにぴったりのナイフです。

準優勝者への副賞ですから特別製で、銀のアタッシュケースに十二本セットで入っていて、すべてに私の名前が入っています。これら二つの他にも、パン切り包丁やサーモン用のナイフ、舌平目などに使えるソールナイフなど、どれも素晴らしいナイフばかりです。しかし、私はその中の二本、エマンスールナイフとペティナイフでほとんどの用が足りてしまいます。

それ以来、私の練習にずっと付き合ってきてくれたのが、この二本のナイフでした。二〇〇八年の大会にもこの二本と一緒に出場しました。結果は三位でしたが、やはり副賞としてナイフのセットをもらいました。それでも、新しいナイフに替えることはありませんでした。

そして二〇一〇年の大会にもこのナイフとともに出場し、ついに優勝することができました。その際にも、日本一の副賞としてナイフのセットをもらいました。それでも、ナイフを替えることはありませんでした。

そして**世界大会も、もう六年間も付き合っているこの二本のナイフを使って戦ったのです。**そしてやっぱり、世界一の副賞としてナイフのセットをもらうことになるのですが、**結局現在も、この二本のナイフは手放せずにいます。**

二本のナイフは、ずっと使い続けて細かな傷だらけになっているし、数え切れないほど研いできたので、刃渡りも小さくなってしまっています。それでも手放せないのは、なにも思い出深いからというだけではありません。

デクパージュにおいて、ある日、それこそ自転車に乗れた時のように突然コツをつかんだというエピソードを書きましたが、そのような感覚は、この二本のナイフでしか感じられないのです。**目をつぶっていても、話しながらでも、まるで自分の指先のように感触が分かります。**

たとえば、最近は講習会の講師を務めることも多いのですが、その際に用意されたナイフでデクパージュをすると、やっぱり感覚がしっくりこないのです。

感覚がしっくりこないとは言っても、もちろん綺麗にデクパージュすることは可能です。そういう意味では「弘法筆を選ばず」と言うことも可能かもしれません(もちろん、弘法大師の域にはまだまだですが)。でも、やっぱり長年苦楽をともにしたナイフでなければ、日本一や世界一を争う大一番の勝負で使うことなど到底できません。

私の考える「道具を選ぶ」とは、そういうことなのです。

本当にいい服は古びることがない

私が大切にしている道具は、ナイフだけではありません。**大会に出る際には、いつも自前のタキシードを着ていました。これは、私が二十四歳の時に仕立てたタキシードです。**

当時、港区のレストランに勤務していた私は、そこで初めて、いわゆる「黒服」と呼ばれる、お客様にサービスできるシェフドランになれたのです。それまでずっと、コミと呼ばれる、料理を運ぶなどの雑用係をしていた私にとって、黒服になれることは本当に大きな喜びでした。そして、このレストランでは黒服は必ずタキシードを着ることになっていました。そこで、私のためにタキシードを仕立ててくれたのです。

自分の身体に合ったタキシードを着ると、毎日の仕事の風景さえ、まったく違って見えるようになりました。私はそれまで以上に仕事に励みました。そして、そのレストランを辞める時に、当時の支配人が「記念に持っていっていいよ」とおっしゃってくださったのです。それ以来、私はこの思い出深いタキシードを大切にしてきました。

その後の職場ではタキシードを着る機会はほとんどありませんでしたので、コンクールに備えてしっかりと保管してきました。ですから、パッと見は綺麗なままです。しかし、やはり袖口《そでぐち》や裾《すそ》をよく見ると、ぼろぼろになってしまっています。さらに、肩の辺りに小さな虫食いの穴があったりもします。本当に小さいので、間近で凝視《ぎょうし》しない限り気づかれることはありませんが。

世界大会の前などには、「タキシードを新調したら？」と言う人もいました。その人は、新調した方が気合が入るだろう、くらいの気持ちで言っていたのでしょう。たしかに、そういう面もあるのかもしれません。

しかし、**最高の集中力が求められる場面において、着慣れたユニフォームで**

あることはとても大切なことです。どんなに上質なものを着たとしても、やはり、着慣れているものほどにはしっくりこないはずです。

さらに、タキシードは高い、という現実的な問題もあります。まともなものを仕立てようとすると十何万円はかかってしまいます。その金額があるならば、デクパージュの練習のための食材などに使ったほうが、費用対効果は高いでしょう。

そしてもう一つ、同じタキシードを着続けている理由があります。**このタキシードを仕立てたのは、二十四歳の時でした。それを今でも着続けられるということは、体形を維持できているということになります。**もし、新調することを前提に考えてしまっていたら、その時の体形に合わせて作ればいい、ということになってしまうでしょう。

私にとって、同じタキシードを着続けるということは、ずっと変わらない努力を続けてきたという証なのです。

第3章

世界大会での勝利の秘訣

睡眠時間よりも大切なもの

いい仕事をするためには、しっかりと睡眠時間を取る必要があります。サービスはとても頭を使う仕事ですし、また、常に立ちっぱなし、歩きっぱなしで、体力も必要な仕事です。ですから、頭と身体を万全の状態にすることも、サービスの仕事においては大切なことだと言えるでしょう。

しかし、もし、仕事において人並み以上の力量を手に入れたいと考えるならば、なんとしてもスキルアップのための時間を確保しなくてはなりません。そして、サービスの仕事はどうしても勤務時間が長くなる職種です。ディナーのお客様が帰られて仕事が完全に終わるのは、終電間近になってしまいます。もしスキルアップの時間を捻出《ねんしゅつ》しようとしたら、出勤退勤の時間を費やし、休みの日を費やす必要があります。

実際、私は日本一に挑戦していた時も、そして世界一に挑戦していた時も、そのようにして特訓に励みました。

しかし、そうやって仕事以外のすべての時間を費やして、それでもまだ時間が足りない場合……最後に削れるのは睡眠時間となります。

もちろん、睡眠時間を削るのは最大限避けるべきですが、**それでも人生の中には、睡眠時間を削ってでも努力しなくてはいけない時期があると思います。**私にとってそれこそが、世界大会に向けての練習の時期でした。

日本一を目指していた時にも、睡眠時間は少なめでした。メートル・ド・セルヴィス杯の出場に四十歳未満という年齢制限があるのも、そのような実情を踏まえてのことだったのでしょう。世界一を目指すとなれば、なおさら厳しい修練が必要なのは明らかでした。

当然、仕事は全力を尽くします。それができなければ、そもそも世界大会に出場する資格はありません。そもそも、世界大会の競技種目にはオーダーテイクもあります。シャトーレストラン ジョエル・ロブションには海外のお客様もたくさんいらっしゃいますから、日々の仕事はそのまま世界大会への実戦的な特訓でもあるわけです。

その仕事が終わるのが、深夜にまでかかることもあります。それから、自主練習の時間がはじまります。同じシャトーレストラン ジョエル・ロブション内にあるルージュバーに移動します。

そこのバーテンダーについてもらって、競技種目の一つであるカクテルの練習に励みました。その自主練習を終えて帰るのが午前五時頃。つまり、始発で帰っていたのです。ただし、通勤時間も寝ることはなく、語学の勉強時間としていました。

さらにルージュバーが休みとなる日曜日には、ソムリエルームに向かいます。そして三十種類近くのグラスワインを使って、これも競技種目の一つであるワインのブラインドテイスティング(試飲)の練習を朝まで行うのです。この、ワインのテイスティングの練習は、家でも自分でワインを買ってきて、かなり行いました。

こうして、始発で家に帰っていたわけですが、翌日が出勤日であればそのまま短時間の睡眠をとって出勤します。

では休みの日はずっと寝ていられるかというと、そんなことはありません。前にも述べましたが、デクパージュの練習は休日にフランス料理文化センターで学ぶ必要がありますので、やはり二〜三時間程度の睡眠時間しか取れませんでした。

また、休日にはフラワーアレンジメントの教室に通うこともありました。これは、競技種目の一つにテーブルセッティングがあるからです。

こうして、睡眠時間を削りながら技術を磨き続けたのでした。

心身ともに限界ぎりぎりの毎日でした。しかし、「クープ・ジョルジュ・バティスト」サービス世界コンクールの日本代表ですから、私の身体は、私一人のものではないわけです。

下野隆祥先生はじめ、フランス料理文化センターの方々には全面的にご協力をいただきました。さらに勤務先であるシャトーレストラン ジョエル・ロブションのスタッフにも支えてもらいました。自分一人だけの戦いではない、と思えたことは、本当にありがたかったです。ぎりぎりの状態の中で、その思いが私を一歩一歩、前に進ませてくれたのでした。

人生の大一番に最高の状態で臨むコツ

　こうして私は、世界大会に向けてぎりぎりの特訓を続けました。

世界大会が近づいてきても、私に焦《あせ》りはありませんでした。なぜなら、自分と同等に練習を積んでいる人がいたとしても、自分以上に練習している人間はいないはずだという自信があったからです。

本番でベストを尽くしたいと考えるとき、一番効果があるのは、本番の前に誰よりも練習を積み上げておくことなのだと、私は思います。

　そんなのは当たり前だろうと思われるかもしれません。しかし、あなたは、「実力は不足しているかもしれないけれど、本番に実力以上のものが出るかもしれない」と考えて物事に臨んだことはありませんか？　そして、そういう時に、本当に実力以上のものを発揮できましたか？　少なくとも、私はこれまで、そうやって物事に臨んだ時には、いつも実力相応の結果さえ残すことはできませんでした。

「自分のいつも通りの力を出せば一番を狙えるはずだ」というのと、「自分のいつも以上の実力を発揮できなければ一番にはなれない」というのでは、単純な実力の上でも前者が上なのは当然として、当日にベストを尽くすための心理面においても、やはり前者の方が良い作用をもたらすはずです。

そうは言っても、私には一度失敗をしてしまった苦い経験があります。それは、二度目の出場となった二〇〇八年の第十三回メートル・ド・セルヴィス杯で三位になってしまったことでした。

初出場で準優勝した第十二回大会から、私はたしかに成長していました。それでも三位で終わった最大の理由は、気負い過ぎてしまったことにあります。その時にも、私はたくさんの練習を積み重ねて臨みました。自分では万全だと思っていたのですが、自分を信じ切れていなかったのでしょう、その猛特訓を大会直前まで続けてしまったのです。

第三回目の挑戦であった二〇一〇年の第十四回大会では、その反省を踏まえて、最後の一週間くらい前に、意識的に一度クールダウンすることにしました。練習をスパッとやめて、練習を再開したのは決勝の二日前からでした。そうして、**一度心身ともにリフレッシュした上で、ピークを決勝当日にぶつけるようにしたのです。**結果として私は、実力をそのまま出すことができて、日本一の栄冠を手にすることができました。

このように本番直前に一度休みを入れるのは、よく考えると、スポーツの世界では常識的な方法論です。高校時代まで熱中していたサッカーでも、体調のピークを本番に持っていくために、本番前には心身をリフレッシュする期間を設けていました。

もちろんこれは、積み上げてきた実力がなければできないことでしょう。「もっとあれもやっておけば良かった、これもちょっとやっておきたかった」などと考えていては、リフレッシュなど到底無理な話です。**リフレッシュして実力そのままを発揮すれば勝てる、という人のみに許される方法論**なのかも知れません。

私は世界大会の一週間前に、三日間の休みをもらって温泉に行きました。東京にいたら、職場も家も練習場なので、どうしてもリフレッシュできないからです。そうして心身ともに一度リセットし、それから再び調子を上げていき、本番を迎えたのでした。

各国代表が競う世界大会のはじまり

二〇一二年十一月六日、いよいよ「クープ・ジョルジュ・バティスト」サービス世界コンクール東京大会がはじまりました。第五回目となる今回は、世界十四カ国が参加しました。

プロの部、学生の部と二つの部門があり、それぞれその国ごとに選ばれた選手一名ずつが競い合うことになります。プロの部に参加するのは十一カ国、十一名の選手でした。

実際の競技が行われるのは十一月八日、舞台はロイヤルパークホテルです。午後一時スタートで、丸一日かけて競われた後、翌九日に結果発表および授賞式が行われます。

審査対象となる課題は全部で九種目あります。第一種目が「前菜」、第二種目が「魚料理」、第三種目が「肉料理」、第四種目が「デザート」、第五種目が「コーヒー」、第六種目が「カクテル」、第七種目が「オーダーテイク」、第八種目が「ワイン・アルコールのテイスティング」、第九種目が「テーブルセッティング」となっています。

この九種目それぞれに、厳しい制限時間が設定されています。そして、その制限時間を超えると大幅な減点対象となってしまうのです。このあたりは、**料理の温度を非常に大切にする、レストランサービスのコンクールならではと言えるでしょう。**

競技中のやりとりは、英語もしくはフランス語のいずれか(ただし、どちらかが母国語の場合は母国語でない方)に限られます。つまり、たしかな語学力がなくては、前提となるコミュニケーションさえとることができないのです。審査員はクープ・ジョルジュ・バティスト協会の会員を中心とした各国の専門家が務めますが、公正を期すため、選手の国と同じ国の審査員は審査から外れることとなっています。

出場選手たちのうち、世界一にもっとも近いという前評判だったのが、本場フランスの代表であるミカエル・ブヴィエでした。働いているのは「ラ・ピラミッド」。かつて、伝説的な料理人フェルナン・ポワンがオーナシェフだった店として有名で、ポール・ボキューズ、トロワグロ兄弟らもポワンから薫陶《くんとう》を受けています。そのポワンは一九五五年に亡くなりましたが、それ以降もフランスを代表するレストランの一つであり続けている名店です。

実は、世界大会の一年前に、私は「ラ・ピラミッド」に行っていました。そこでメートル ドテルを務めているミカエルを見ていたのですが、本当に素晴らしいサービスマンでした。

そのミカエルと優勝を争う可能性があると思われていたのが、私と、そしてルクセンブルクとデンマークの代表。この四人だったのです。

そうはいっても、かつてメートル・ド・セルヴィス杯で初出場の私が準優勝できたように、思わぬ伏兵が登場する可能性は大いにありました。いずれも、その国で一番のサービスマンたちなのですから、誰が優勝してもおかしくはなかったのです。

最初の種目でアクシデント！

審査会場は九つのブースに分かれていて、そのブース一つにつき一種目の審査が行われます。選手は一つずつブースを回っていき、審査されるのです。ローテーションで審査されますので、「前菜」からはじまる人もいれば、「肉料理」からはじまる人、「テーブルセッティング」からはじまる人など、それぞれ異なることになります。

私は、くじ引きの結果、最初が「前菜」、次の種目が「オーダーテイク」、第三種目が「コーヒー」、第四種目が「テーブルセッティング」、第五種目が「デザート」、第六種目が「カクテル」、第七種目が「ワイン」、第八種目が「魚料理」、第九種目が「肉料理」という順番になりました。

競技開始時間も、多くの選手は午後一時スタートですが、人数と種目の関係上、私は一時半スタートとなりました。

ところが、いきなり予期せぬ事態が起こります。どうやら最初に前菜を担当した選手が予定より早く終わったらしく、どんどん次が行け、といった感じでいきなり呼ばれたのでした。私の競技開始予定時刻は一時半なのに、まだ一時一〇分くらいだったと思います。

まだ競技開始まで二〇分あると思っていたところで、いきなり呼びつけられて開始を指示され、さすがに戸惑ってしまいました。普通は審査ごとのブースの移動の際に次の審査のことを頭の中で整理しておくのですが、まさか、いきなりやらされるとは思っていなかったので、頭と体が動かなかったのです。

審査される「前菜」の内容は、「小海老のカクテル二人前」です。茹《ゆ》でた海老に合わせるためのカクテルソースをお客様の前で作ってお出しする、というものです。制限時間は一〇分でした。

まずはゲリドン(ワゴン)に、この料理をお出しするのに必要なお皿や材料を用意するところからはじめるのですが、「しまった、あれを持ってくるのを忘れた」「あ、あれも必要だった」と、ちょっと手際が悪くなってしまいました。

この段階で、いきなり一〇分のうちの二分を使ってしまったのです。普通だったら一分で行うべき作業でした。

料理は、まずお皿に塩とコショウ、タバスコ、ケチャップ、ウスターソースなどを入れて、そこにマヨネーズを加えてソースを作ります。この味付けは、お客様の好みを聞きながら調整することが大切です。たとえば、辛めの味が好きであればタバスコを多めにするなどです。そしてカクテルグラスにサラダ菜を敷いて、その上にソースを絡めた海老を飾り付けしていきます。

事前の準備に時間を使ってしまったことで、料理の準備に使える時間が少なくなってしまいました。そのため、早く料理を仕上げざるを得なくなって、盛り付けが少しだけ雑になってしまったのです。

不本意な滑り出しとなってしまいましたが、同時に、ここが踏ん張りどころだと思いました。**直面したアクシデントの割には、自分の心の動揺はそれほどではなかったからです。**失敗は失敗。しかしそれも、致命的な失敗ではありませんでした。まだ九種目のうちの、たった一種目に過ぎないのです。

予想以上の難敵だったオーダーテイク

そして、次に待ち受けていたのが「オーダーテイク」でした。制限時間は一五分。四人の審査員をお客様に見立てた上で、実際のレストランと同じようにオーダーを取っていくという種目です。

このオーダーテイクが、なかなかの曲者でした。**まず最初に「これがこの店のメニューだ」とメニューを見せられて、本番がはじまるまでの一五分間で暗記せよというのです。**たしかに自分の店のメニューであったら、暗記していて当然です。しかし、いきなり渡されて暗記しろ、というのですから、本当にたいへんです。

そのこと以上に驚いたのが、メニューの中身でした。世界中の料理を寄せ集めたようなメニューで、フランス料理とはなんの関係もない食べ物がたくさん入っているのです。

これはおそらく、広範な食文化の知識を持っているかどうかをチェックするためだったのでしょうが、正直なところ、メニューの中には見たことも聞いたこともない料理もたくさんありました。そのような料理を暗記するのは本当に困難です。

どれだけ困難なメニューなのかというと、日本食の中からメニューに入っていた料理を挙げればご理解いただけると思います。記憶にある範囲で挙げますと、たとえばスープとして「スープ・オ・ミソ」があったり、さらには「フグの薄造り」があったりしたのです。

味噌汁はともかく、フグの薄造りを知っている外国人はめったにいないでしょう。それが「フグのカルパッチョ」とでも表記されていれば、それが魚であることや、なんとなくの料理法もイメージできるかもしれません。しかし、「フグの薄造りスタイル」というような表記がされていて、知らない人にとっては、そもそもそれが肉料理なのか魚料理なのかさえ推測が困難な書き方になっていました。

そんなこんなで苦労しながらメニューを覚えていって、一五分経ったらメニューは回収されました。そして審査員が扮するお客様の前に通されて、「この人のお誕生日だ」というシチュエーションが発表されて、本番がはじまったのでした。

最初に困惑したのは、果たして飲み物のオーダーを取るべきか否かでした。しかし、長々と考えているわけにはいきません。誕生日の人が誰か、というような細かい設定がされていて、種目の名前が「オーダーテイク」だとすれば、やはり実際のオーダーテイクと同様に、飲み物からオーダーを取るべきではないか――とっさに、そのように判断しました。そこで飲み物をどうするか聞くと、案の定、審査員はそれに受け答えをしたのです。どうやら私の判断は正しかったようでした。

さらにオーダーを聞いただけでは駄目で、実際のオーダーテイクと同様にそれを紙にフランス語で書いて、キッチンに通します。実際のレストランでも、そうしないと料理が出てこないわけですから。このあたりは、とにかく機転を利《き》かす必要がありました。

そうやって飲み物のオーダーを取った後、記憶したメニューを思い出しながら料理のオーダーを取っていきます。すると「俺、魚は苦手なんだよね」とか「私はベジタリアンなんだ」とか、「彼はフランス語が分からないから英語で説明して」などと言って、なかなか一筋縄ではいきません。

さらには、メニューの料理の中から、あえて私が分かっていないであろう料理について、「これって、どんな料理なの？」と説明を求めてくるのです。それは、明らかにフランス料理ではない、おそらくは何らかの北欧料理でした。

そこで、「その料理については分からないです」などと答えたら減点なのは明らかでした。だって、実際のオーダーテイクの時にそんなことを言ったら、「自分の店の料理さえ知らないのか」とクレームものでしょう。もちろん、動揺を表に出してはいけません。**メートル ドテルが、自分の店に関する質問に自信をもって答えられないなど、あってはならないことだからです。**

まずは単語の雰囲気から推察して、なんらかの野菜、しかもおそらくは北欧の特産品の野菜なのであろうと考えました。そのような推察を元に質問に答えたのですが、審査員はさらに「じゃあどういう調理法なの？」などと意地悪な質問を続けてくるのです。とにかく無難に切り返すことを意識して話を続けていきました。

こちらとしてはメニューの中から、フグの薄造りなど知っている料理をとにかくお薦めしていって、よく分からない料理の話題を少しでも減らすように心がけるしかありませんでした。

そうやって、「オーダーテイク」を終えたのですが、正直なところ、あまり自信はありませんでした。それでも、他の選手にも同じような意地悪な質問をしているであろうことは明らかでしたから、私だけ低い点数になるようなことはないだろう、と思いました。少なくとも会話が詰まったり、取り乱したりすることもなく終えることができました。

実力を発揮できた第三種目と第四種目

第三種目の「コーヒー」は「アイリッシュコーヒー」二人前を作ります。制限時間は一〇分です。アイリッシュコーヒーの作り方を簡単に説明しますと、まずは火で温めたアイリッシュウィスキーに砂糖を入れて溶かしていき、そこに温めたコーヒーを注ぎます。その上にホイップしたクリームを乗せて綺麗な二層の飲み物にするのです。

この課題では、クリームの濃度が重要で、これが薄いと二層になりません。砂糖の分量や、火でアルコールをどのくらい飛ばすかなどは、いずれもお客様に伺《うかが》いながら、慎重に進めていくことになります。**見た目と、味わい。そして臨機応変な調整能力が求められるのです。**

私にとって、たゆまぬ反復練習がものを言う「コーヒー」は、確実に高得点を取ることができる種目でした。そして、小さなミス一つもなく、積み重ねた実力をそのまま発揮することができました。

続く第四種目は「テーブルセッティング」でした。制限時間は二〇分。**当日のくじ引きで決まった「クリスマスのディナー」というテーマに沿ってテーブルをセットし、かつ、そこで食べていただく架空のコース料理を決める、というものです。**

まずはテーブルクロスをどうするかですが、下地になるアンダークロスは赤色で、その上に敷くトップクロスは白色を選択しました。お皿は緑色を選び、ナイフとフォークを並べていきます。さらに、フラワーアレンジメント教室で学んだ技術を活かして、クリスマスにふさわしいように、お花を華やかに生けていきます。

次にお酒と料理ですが、やはりクリスマスは特別な日ですので、シャンパンのボトル一本でコースを食べきる、というイメージに決めました。そこで、シャンパングラスと水グラスをセットします。

そこまでやった後で、ゲスト審査員に架空の料理を説明していきます。これなどは、**料理とお酒を最高の組み合わせでお出しするという、レストランサービスの醍醐《だいごみ》味だと言えるでしょう。**

シャンパンに合わせたコースということで、最初のアミューズは、実際にジョエル・ロブションでお出ししているキャビア料理にしました。

これはジョエル・ロブションのスペシャリテの一つで、缶の中に入っているのです。缶を開けると、いっぱいに敷き詰められたキャビアが現れます。その下には、カニの身と甲殻類のコンソメゼリー、カリフラワーのクリームが入っていて、キャビアと一緒に食べると、とても美味しいのです。そしてなにより、シャンパンに合います。

そして前菜、魚料理、肉料理と、シャンパンで美味しくいただける料理を説明していきます。さらにはチーズ、デザート、コーヒー。それらすべてをやって、二〇分でバシッと終えるのです。

もともと料理人になろうとしてフレンチの世界に入り、現在でも家では自分で料理をしている私にとって、このように架空のメニュー構成を考えるのは得意とするところでした。とくに言いよどむようなこともなく説明しきることができました。

最初の種目が不本意だったとは言え、その後はすべて着実に結果を出すことができました。「オーダーテイク」や「テーブルセッティング」は採点基準などがよく分からないので計算はできませんが、少なくとも大きな失敗はしていないはずです。なにより、まだ競技種目は半分以上残っていますし、ここからいよいよ、私の得意種目が続くことになります。

自己最高の出来だった
パイナップルのスパイラル

第五種目の「デザート」は、「パイナップルのスパイラル（フランベを含む）」二人前でした。

これはまず、お客様の前でパイナップルの皮をむき、芽をスパイラル状に切ることで取り除いていき、スライスします。さらにキャラメルソースを作って炒めて、最後にラム酒でバン！　とフランベ（アルコールを飛ばすこと）して温かいデザートを作り上げます。これだけの作業を、たった二〇分で行う必要があるのです。

恐らく、これがテクニック系の種目の中ではもっとも難しいものでした。私は何度も何度も練習してきましたが、すべての道具や材料が揃った状態からはじめて、最速でも一八分四六秒だったのです。

ところが当日は材料を集めるのも含めて二〇分でした。そこまで制限時間が厳しいというのは想定外でしたので、大慌てで用意をして作りはじめました。いつもの練習どおりにやることができたとしても、時間をオーバーしてしまう可能性が高いのです。

しかし、自分でも不思議なくらい上手くいきました。時間内にすべて終わって、しかもこれまでやってきた中で一番の出来だったのです。

この競技で、私がやったパイナップルの切り方は、他国の選手とまったく違うものでした。それは下野先生に教わった方法で、本当に見ていて美しい切り方なのです。硬い皮を切り取った後、芽を取るのですが、その芽が一定の間隔で並んでいるのを利用して波打つようにナイフを動かしていき、最後に、つながったままの芽を一気に切り離していきます。

デザートをやり終えた一瞬、これまでの気が遠くなるような練習の繰り返しが脳裏を横切りました。この日のために私は、一日中、朝十時から夜八時まで、ひたすらパイナップルだけを切り続けたのです。それも、何十日も。ビデオでチェックしながら、自分の姿勢も含めて、もっとも美しくて早い方法を模索した日々。**そうした膨大な時間すべてを、この二〇分に凝縮することができ**

たのです。

今思うと、スポーツ選手がしばしば、オリンピックなどの大舞台で新記録を出すのも、もしかすると同じようなメカニズムなのかもしれません。

そして、その時は集中していて気付かなかったのですが、後日、フランス料理文化センターの大沢晴美事務局長に教えていただいたお話によると、私が料理を出し終えて次の種目に移動する際に、スペイン人の審査員の方が立ち上がり、「ブラボー」と言いながら拍手をしてくださったそうです。

広範な知識を求められる第六、第七種目

こうして私は、第一種目でのアクシデントによるマイナス点を、第二種目から第五種目までのあいだにだいぶ取り返し、おそらくは上位に食い込めるだけの貯金を作ったはずだという自信も湧《わ》いてきました。

しかしそれでも、優勝争いに絡んでいるという確信にまでは至っていません

でした。自分がどんなに素晴らしい出来だったとしても、他の選手がその上をいく出来だったら、やはり負けてしまうものだからです。

私にできることは、決して気を抜くことなく、残りの種目でも全力を尽くすことだけでした。たった一つのミスが、大きなマイナス点につながってしまうからです。


第六種目の「カクテル」はショートカクテルとロングカクテルをそれぞれ一種類ずつ作ります。制限時間は、どちらも一〇分です。

この種目ではあらかじめ、ショートとロング、それぞれ五種類ずつの課題候補が告知されます。出場選手はその課題候補すべてを作れるように勉強しておきます。そして当日に抽選で、自分が作るショートとロング一種類ずつが決定し、それぞれ二杯ずつ、計四杯を作るのです。ショートカクテルの候補はダイキリ、サイドカー、グラスホッパー、マルガリータ、ホワイトレディ。ロングカクテルの候補はブラッディ・メアリー、シャンパンカクテル、カイピリーニャ、ネグローニ、テキーラ・サンライズでした。

これも、ちょっとした罠《わな》がありまして、いざ作り出そうとしたら、いきなり審査員扮するお客様が、「あ、俺やっぱこっちにする」などとイレギュラーなことを言ってくるのです。もちろん最初から指定されている五種類のうちのどれかに変更されるわけですが、それでも、なかなか意地悪な罠でした。

しかし、ショートとロング、いずれもルージュバーでの自主練習でしっかり学んでおいたため、自信を持って作ることができました。世界大会への準備期間中、私の睡眠時間が削られる直接の原因となっていたのは、このカクテル作りでした。その努力が報われた一〇分間でした。

第七種目は、「ワイン・アルコールの試飲」でした。事前に三種類ずつ告知されていた白ワイン、赤ワイン、アルコールの中から、**試合当日に抽選で決まった各一種類をブラインドでテイスティングするものです。**

一〇分の制限時間内に、テイスティングコメント、合わせる料理、品種、年代、そのワインの名前などを、すべてフランス語で説明する必要があるのです。これも、家での猛勉強の甲斐《かい》があって、自信を持って答えることができました。

日本人にしかできない技で逆転を目指した最後の二種目

八つ目の種目である「魚料理」は「サーモンのタルタル」二人前、最後の「肉料理」は羊肉の「カレ・ダニョー」二人前でした。どちらも、制限時間は一〇分です。

サーモンのタルタルは、お客様の前にゲリドンごと持っていき、皮を剥《は》いで角切りに切り、さらに塩、コショウ、オリーブオイル、ライムなどで味付けをして美しく盛り付けます。

カレ・ダニョーは、仔羊の骨付きローストを人数分に合わせて均等に切り分け、付け合せとともに美しく盛り付けします。

デクパージュ（切り分け）は地道な練習の繰り返しが重要であり、私がもっとも得意とする分野となっていました。**とくにサーモンのタルタルに関しては、私には秘策ともいうべき切り方があったのです。**

他の選手たちはみな、まずはサーモンの皮を剥ぎ取って、それから角切りにしていきました。しかし私は、下野先生から教えていただいた特別な切り方をしたのです。**繊細な技術が要求される、日本人に適した切り方です。**

簡単に説明しますと、普通とは逆に、皮を剥ぎ取らないまま、まずは上から包丁を入れて、身を網の目に切っていきます。そうすると、上から見るとしっかり四角く切れているけれど、皮とだけはつながっている状態になります。イカの足のような感じですね。

そうして最後に、皮の方向で包丁を入れていくと、真四角の切り身が一気に、大量に出来上がるわけです。まず、出来上がるまでの一連の作業が綺麗ですし、切り身の形も美しい真四角に仕上がります。切り終えた瞬間、ダイスの形をした切り身がバッと弾ける様は、切っていても爽快です。そこに自分で味付けをして盛り付けると、お客様の目の輝きがよく分かります。

現在、メートル ドテルがデクパージュをするフレンチレストランは少なくなっています。シャトーレストラン ジョエル・ロブションでも行っておりません。しかし、フランスはもちろん、**本場ヨーロッパの一流サービスマンをも**

上回る技術を持つ、下野先生のような方が日本にいらして、それを受け継ぐチャンスがある。その幸運を、私は最大限に活用させていただいたのです。

最終種目である、仔羊の骨付き肉は、実は、ただ均等に切ればいいというわけでもありません。普通は一人につき三本つくのですが、お客様はすでに魚を食べられているわけです。ですから、分量をお伺いしながら調整する必要があります。

通常通りの三本分と、一本分では盛り付け方も変わります。さらに付け合せも三種類あって、グリンピースのピュレ、ジャガイモのフライ、にんじんのグラッセをそれぞれ好みにあわせて盛り付けるのです。

さらにこれらの料理をお出ししたら、今度はその料理に合うワインを紹介する必要があります。この料理に合うワインはボルドーの何年もので、なぜならこういう理由だからだ、という説明が求められるのです。

私はこの二つの種目とも、まさに実力そのままを発揮することができました。**地道な練習を誰よりも積み上げることこそ、本番でベストのパフォーマンスをするための唯一の方法である、**ということが実感できた二種目でした。

こうして、ついに私は、最終種目を終えたのです。全力を出し尽くした心地よい疲れと、冷めやらぬ高揚感があったことを覚えています。

技術力でつかみとった「世界一のサービスマン」の座

大会の終了時間は夕方の六時頃でした。その日の夜は、そのままパーティーが行われて、授賞式は次の日の夕方四時半からとなっていました。集計はフランスから来日したクープ・ジョルジュ・バティスト協会の方々がやっていましたので、日本人で結果を知っている方はいませんでした(しかしどうやら、集計を手伝ったある審査員は本当はご存知だったようですが、発表前には教えてくれませんでした)。

自分の出来には、ある程度の自信がありました。アクシデントによって最初の種目を失敗してしまったものの、その後は、むしろ練習でもなかなか実現できないクオリティーを保ち続けることが出来たのです。

そうは言っても、コンクールは相対評価ですから、ライバルたちが私以上の実力を発揮していれば、優勝することはできないのです。**私としては、とにかく世界大会という大舞台で全力を出し切ることができましたから、仮に世界一でなくても満足でした。**

そして、授賞式を迎えました。三位からはじめて、二位、一位と発表していきます。最初に三位の名前が呼ばれた時、私は自分の耳を疑いました。ミカエル・ブヴィエ――それは、優勝候補であるフランス代表の名前だったのです。その瞬間、私は自分の優勝を半ば確信しました。

そして二位。呼ばれた名前はセーレン・オルベック・レデット。デンマーク代表です。ここまでの三位も、二位も、前評判どおりの優勝候補たちでした。

最後に、一位。呼ばれた名前は――。

「シン、ミヤザキ」

それまでの苦労が、すべて思い出されました。そして目頭が熱くなり、頭の中が真っ白になりました。

ついに私は、世界一のサービスマンになることができたのです。

授賞式は、最高のひとときでした。出場選手の中に、海外で獲得した賞金を国に持ち帰ることができない人がいたため、賞金はありません。しかしその分、副賞がとても豪華でした。

盾、トロフィー、メダル、さらには航空券と宿泊券、銀器などなど。そしてもちろん、世界一と刻印された二十本入りのナイフセット。

サービスマンという職業を選んで良かった、サービスマンとして研鑽《けんさん》を重ねてきて本当に良かった――そう、心から思いました。

後で発表されたのですが、私の評価がもっとも低かったのは、意外にも第四種目の「テーブルセッティング」で、六位でした。私は、実際のレストランでやれる、現実的な範囲でのテーブルセッティングをしたのですが、それが良くなかったようです。

ヨーロッパ各国やベトナムの選手たちは、ナプキンを折って様々な形を作り、アラブの石油王もかくや、というゴージャスなセッティングをしていたのです。正直なところ、「実際のレストランではやらないだろう……」と思ったのですが、コンクールとはそういうものなのかも知れません。

他の種目は総じて高順位だったのですが、一番だった種目が三つありました。最高点となる九・五点を取った「デザート」、そしてサーモンをデクパージュした「魚料理」、仔羊の肉をデクパージュした「肉料理」でした。

世界一になることができたのは、睡眠を削りながら地道に努力してきた技術力のおかげだったのです。

第４章

修業時代に学んだこと

ゲストへのサービスは、家族にサービスするように

世界一になった後、テレビや雑誌の取材を受ける機会が多くなりました。その際によく訊かれるのが、サービスの道に進むようになった原点はなにか、という質問です。その時に私は、子どもの頃の自分の夢のことを話すことにしています。

幼稚園に通っていた頃、私の将来の夢はタクシーの運転手でした。理由は、タクシーが好きだからとか、車が好きだからとか、そういうことではありませんでした。

その頃の私は、タクシーに乗ったことなどほとんどありませんでした。でも、駅にはタクシーが並んでいて、どこそこに連れて行って欲しいと言えば、そこへ連れて行ってくれます。

しかし当然ながら、そのためにはお金を払わなければなりません。そこで、

自分がタクシー運転手になれば、祖父母をただでどこへでも連れて行ってあげられる、と思ったのでした。

祖父母をただでタクシーに乗せてあげて、喜ばせてあげたい。それが、幼稚園生だった頃の、私の夢だったのです。

他にも、これは誰でもやったことがあると思うのですが、祖父母に「肩たたき券」をあげたことが何度もあります。これなども、祖父母にあげればそれだけで喜んでくれました。そして実際に肩たたきをすると、「ああ、気持ちいいね」と、もっと喜んでくれました。

祖父母を喜ばせてあげたい。このような思いが私にとっての、サービスの原点なのです。

私は後輩たちに、「ゲストを好きになれ」と言っています。お客様のいいところを見つけるようにし、好きになるように努力するのです。そうやってお客様のことを好きになれば、家族を喜ばせたいと思うのと同じように、お客様を喜ばせたいと自然と思えるようになります。それこそが、優れたサービスを行うための第一歩なのです。

これは、サービススタッフのみに当てはまることではありません。「世紀最高の料理人」と呼ばれる**ジョエル・ロブション氏も、「料理は愛からはじまる芸術です」と述べています。**お客様が美味しそうに召し上がる様子を思い浮かべながら料理を作ること。それこそが、優れた料理を生み出すためにもっとも大切なことだと言うのです。

料理人は愛情を込めて料理を作り、サービススタッフは愛情を込めておもてなしをする。言葉にしてしまえばあっけないものですが、本当にそれをしながら料理をし、サービスをできている人は、実は、ほとんどいないはずです。そして、本当に家族に対するような愛情をもっておもてなしをすれば、それは必ずお客様に伝わるのです。

家族での食事が、豊かな食文化を作る

私が育った家庭は五人家族でした。父と母、兄と妹、そして私。父は事務用

品の商社に勤めていて、とても厳格な人でした。私が生まれる前は札幌、静岡、千葉など、日本各地に転勤していたそうです。しかし母方の実家があった東京国分寺の、同じ敷地内に家を建てて、私が生まれて一歳になった頃から、転勤はなくなりました。

父は家庭では家事などを一切やらない、まさに「昭和の父親」といった感じの人でした。母は専業主婦でした。毎朝必ず朝食を作って、決まった時間にその日に父が履《は》く靴を磨いて、「いってらっしゃい」と見送るのです。そして夜は、父が会社を出る時に「これから帰る」という電話がかかってきて、家に着く頃には風呂がちゃんと沸《わ》いていました。**父が風呂から出る時間には、家族全員が食卓に揃う、というのが宮崎家のルールでした。**

父は食事の前にお酒を飲むことにしていましたので、母と子どもたちは食事を、父はお酒を一緒に楽しみます。父は、あまりお酒に強くはありませんでしたが、好きでした。そして私たち子どもが夕飯を食べ終わると、父の食事がはじまるのでした。

もちろん父の帰りが遅くなることはあったのですが、基本的には一定のサイクルが決まっていたのです。

その宮崎家の食卓では、ヒジをついて食べることは禁止されていました。また、脚を組んで食べるのも禁止、テレビを見ながら食べるのも禁止でした。家族全員が食卓を向いて、一定の礼儀を守りながら食べていたのです。食事をするということはつまり、命をいただくことです。「いただきます」と、命に感謝しながら食べることの大切さを、私は子ども時代から自然に学ぶことができました。

長年レストランでサービスをしていると、「もっと、料理を美味しく、楽しく食べていただけたら……」と思うこともあります。たとえば、以前勤めていたレストランでお見かけした、会話をいっさいせず、左手で携帯電話をいじり続けながら、右手一本で食事をされるお客様。その方は、ナイフ、フォーク、スプーンなどの銀器のうち、スプーン一本だけを使って、器用にコース料理全部を食べきってしまわれました。

もちろんスプーン一本でフランス料理を食べるのはマナー違反ですが、別に法律を犯しているわけではありませんし、他のお客様に迷惑をかけているわけでもありません。そもそも私たちサービスマンはマナー講師ではありません。

しかし、**もし、家族や親しい人と向かい合って、お互いに会話を楽しみながら、美味しい料理を味わったという経験があれば、スプーン一本で食べるようにはならないのではないでしょうか。**そしてなにより、会話を楽しみながら両手を使って食事をしていただいてこそ、料理はもっと美味しく、楽しいものになるはずなのです。

人間にとって、「衣・食・住」はどれ一つとして欠かせないものです。しかし、近年、見た目にかかわる「衣」と「住」は大事にされても、「食」はないがしろにされることが多いように思われます。

私が子どもの頃の宮崎家でもそうでしたが、かつて、日本では家族全員で食卓を囲むことが当たり前でした。そのような家庭で育った人々にとって、家族の思い出といえば、みんなで食事を楽しむ「食」の風景なのではないでしょうか。そして、それこそが人と人との絆《きずな》の原風景になっているはずです。

近年、ライフスタイルの変化もあり、家族が揃って食事をすることが難しい家庭も多いことでしょう。それは仕方のないことなのかもしれません。それでも、「食」を、ただ空腹を満たすための行為にしないための工夫は可能だと信じています。どんなに忙しい家庭でも、朝食を一緒にとったり、休みの日は一緒に食事をするなど、工夫はいくらでもできるはずです。

海外に目を向けると、たとえばフランスでは、学校でお弁当や給食を食べるのではなく、一度家に帰って食事をして、再び登校するという文化がありま す。また、香港にいた方から聞いた話によると、香港では家で食事をすることはあまりなくて、外食がとても多いのだそうです。しかもその外食は、父と母、祖父と祖母、子どもたち、孫たち、などなど一族総出で楽しむものなのだというのです。

フランスも中国も、それぞれ素晴らしい食文化を育んできた根底には、「食」を大切にする考え方があったのだと思います。しかし、フランスや香港の人々も、近年はやはり日本と同様、なかなか家族一緒に食事をとれなくなっているそうです。

日本はしばしば、豊かな食文化を持つ国だと言われます。とくに東京は、たとえば『ミシュラン・ガイド』において世界で一番多くの星を持つ都市になるなど、美食の都として知られています。**しかしそれも、豊かな「食」の記憶が失**

われていけば、衰退していってしまうことでしょう。

レストランサービスという、食文化の最前線に立つ者の一人として、私もできる限りのことをしていきたいと考えています。まずはシャトーレストランジョエル・ロブションに大切な方と一緒に来店される方々に、豊かな食を楽しんでいただくこと。そして私自身、どんなに忙しくても家族との豊かな食生活を実現していくこと。そうやって、日本の豊かな食文化を足元から守っていきたいと思います。

料理の世界を選ばせた、手打ちうどんとアンチョビ

私がレストランサービスという職業に至った原点は、前にも述べたように、幼い頃、祖父母を喜ばせたいという思いから、タクシー運転手を目指したことでした。

しかし、タクシー運転手をはじめ、他の「人を喜ばせる」仕事はたくさんあ

ります。それらの中から、とくに料理の世界を目指すことになったきっかけは、別にあります。それは、小学生の頃に自分でうどんを作ったことでした。

私は家庭科の授業が好きでした。その中に、うどんを手打ちで作るという授業があったのです。私はその美味しさに、とっても驚きました。現在では冷凍食品が多種多様になり、コシのあるうどんも味わうことができますが、当時はうどんといえば乾麺《かんめん》でした。だから、手打ちのうどんの美味しさは衝撃的だったのです。

家族にも食べさせてあげたいと思った私は、すぐに家でも同じものを作りました。粉を練って足で踏んで、麺棒《めんぼう》はなかったからゴマのすりこぎを使って伸ばしました。見た目はかなり不恰好《ぶかっこう》でしたが、とても美味しくて、家族みんなが喜んでくれました。とくに父は喜んでくれて、すぐに長い麺棒を買ってくれました。

その手作りうどんの成功に気を良くした私は、それ以降もときどき料理を作るようになりました。母が持っていた料理本を見ながら、簡単そうなオムレツなどに手をだすようになったのです。そのような経緯があって、将来は料理人になってもいいなと、漠然と思うようになっていきました。そうはいっても、一番職業にしたいのは大好きなサッカーでしたので、絶対に料理人になりたい、というほどではなかったのですが。

そして一九九二年、十六歳のとき、私はたまたまアンチョビのパスタを作りました。それまでアンチョビを食べたことのなかった私は、その美味しさにとても感動しました。西洋料理にはこんなに美味しい食べ物があるのだ、ということが、小学校時代の手打ちうどんとの出会いと同様、かなり衝撃的だったのです。そして父親が、ある料理雑誌を買ってきてくれました。そこには美味しそうなイタリア料理がたくさん載っていました。

私は小学校、中学校とサッカーをしてきて、高校でもセンターフォワードとして頑張っていたのですが、自分はプロになれるほどの才能を持っていない、ということもさすがに分かってきました。ですから、**あの美味しいイタリア料理を作る料理人になりたい、というのが、人生の具体的な目標として見えてきたのです。**

「料理の鉄人」というテレビ番組がはじまったのは、その翌年でした。和・洋・中、それぞれの料理の鉄人と挑戦者が対戦するというコンセプトではじまったその番組は、あっという間に人気番組になっていきました。そして、数多くのスターシェフが誕生しました。

イタリア料理人への憧れは募《つの》りましたが、父親も、兄も大学に行きましたので、私も当然、大学に行くものと思っていました。それで高校三年になると受験勉強を頑張るようになりました。予備校に通い、夏期講習にも行って十月の模試も受け、外国語に強い大学、とくにイタリア語のある大学に行こうと考えていました。

ところが、大学の資料を集めているうちに、自分の家がある国分寺から三駅の国立《くにたち》に、辻調理師専門学校があることを知ったのです。その辻調理師専門学校に、フランス校があるということも知りました。イタリアではありませんでしたが、フランスで料理を学ぶことができるというのです。私は大学進学をやめて、高校卒業とともに辻調理師専門学校に通いたいと考えるようになりました。

両親に理解してもらうのは容易ではありませんでしたが、最後は許してくれました。そこで私は大学受験のための予備校をやめて、フランス語の勉強をはじめたのです。そして高校を卒業すると、辻調理師専門学校に入学しました。

当時の私はシェフになろうと考えていました。フランス料理のシェフとして、「料理の鉄人」に出てくるようなスターシェフになれたらどんなにいいだろう、と考えていたのです。将来サービスの道に進むことになるなど、まったく考えていませんでした。

フランスで知ったサービスの楽しさ

一九九六年、私は辻調理師専門学校のフランス校に進学しました。そこでの勉強はとてもたいへんでした。生徒たちは三つのグループに分かれます。料理を作るグループと、サービスをするグループ、そして食べるグループです。これが、一日ごとに入れ替わるローテーション方式でした。

この中で、料理を作る時が一番たいへんでした。なにせ、完成度はともかくとして、三ツ星レストランで出されるような料理を作らされるのです。料理が嫌いになるくらいの、徹底したスパルタ教育でした。

　では、食べるグループならば楽かというと、そうではないのです。食べるグループになった次の日は、作るグループになります。ですから、次の日に作る料理の講習があるわけです。翌日にたいへんな一日が控えているわけですから、気が休まることはありません。

　さらに、フランス語の授業もこの日に受けることになっていました。こちらは、人によっては厳しかったのでしょうが、高校時代からフランス語の勉強を続けてきた私には、むしろ退屈な時間でした。

　最後に、サービスするグループです。これは、料理を作った次の日であり、翌日に控えているのも、料理を作るよりは楽な食べるグループの日でした。ですから、一番気楽なポジションだったわけです。

　さらに、サービスの講師であるフランス人のクタン先生が、とても素晴らしい方でした。**サービスという仕事に誇りを持ち、心底楽しそうに仕事をなさる方だったのです。**

　私は多少はフランス語でコミュニケーションをとることができましたから、

クタン先生は色々なテクニックを惜しみなく教えてくださいました。

蝶ネクタイを付けて友人たちの前に立って、クタン先生から習ったテクニックを使ってみたりしながらサービスをする。それは、とっても楽しい経験でした。

今思えば、サービスする相手が友人たちだったのですから、楽しかったのは当たり前です。それでも、「サービスって楽しいな」という思いが、私の心の中に強く焼きついたのでした。

なにごともそうですが、**自分の仕事を選ぶ際には、やはり根底に「楽しい」という気持ちがなくてはならないと思うのです。**辛い時があったとしても、「あの時は楽しかったな」「いつかまた楽しく思えるときが来るんだろうな」という思いがあってこそ、再び頑張ることができるのです。

それから南フランスにある二軒の一ツ星レストランで修業をして、帰国しました。そして辻調理師専門学校を卒業した私は、前にも述べたように、国分寺のレストランに就職をしたのです。ただし、私はその時もまだ、将来はシェフになるつもりでした。

「自分が時代を変える」と信じることの大切さ

国分寺のレストランで働きはじめた時、同期が私の他に二人いました。三人とも料理人志望で、厨房《ちゅうぼう》の空きを待つ間、サービスをすることになりました。サービスをするとはいっても、お客様にサービスをするわけでもなく、テーブルセッティングをするわけでもありません。毎日毎日、ひたすら掃除と銀器磨きをしていたのです。そしてお店が開店すると、シェフから料理のお皿を受け取って、テーブルサービスをするメートル ドテルやシェフドランに運んでいく仕事ばかりしていました。

それでも、毎日が楽しかったことを覚えています。レストランが綺麗になったり、銀器がピカピカになるのはとっても気持ちのいいものでしたし、先輩の先回りをして誉められたりすると充実感がありました。良いレストランは地道な作業の積み重ねで作られるということを身体で学ぶことができました。

そして、前にも述べましたが、第三回メートル・ド・セルヴィス杯を制した「日本一のサービスマン」である矢野智之氏の存在が、とてもまばゆかったのを覚えています。その矢野氏が、**「スターシェフがたくさん生まれて、次にソムリエが脚光を浴びた。これからはサービスの時代だ」**とおっしゃっているのを聞いて、私の心は揺れ動きました。

そして、厨房に二人分の空きができました。しかし、料理人志望の新人は三人。その中の一人だけは、さらに一人分の空きがでるまで待たなければならないのです。お店からは「厨房に入る二人をジャンケンで決めて」と言われました。しかし私は、「もう少しサービスをやってみるよ」と言って、厨房入りを辞退しました。当時は何気ない決断でしたが、今になって思い返すと、これは私の人生を変える大きな決断でした。

人間、頑張っていれば、誰かが必ず見ていてくれるものです。三ヶ月ほど経ったある日、「お前は頑張っているから、これをやってみるか」と、チーズの仕事を任されました。ワゴンにカマンベールチーズやブルーチーズ、山羊のチーズなど様々なチーズを載せて、お客様にお出しする仕事です。お客様に選んでいただいて、カッティングしてお出しするのですが、そのチーズの発注や管理から任せてもらったのです。

実は、私はチーズがあまり好きではありませんでした。**どんな種類があるか、どんな方法で保管すればいいのかも分かっていませんでしたので、本をたくさん買ってきて勉強したのです。**とにかく見よう見まねでやってみるしかありませんでした。

お客様に直接サービスしたのも、このチーズのワゴンサービスが最初でした。初めてお会いするお客様にチーズをお薦めするわけですから、最初の頃は緊張でガチガチでした。とても楽しむ余裕などはありませんでしたが、いつかこれが楽しくなるんだろうな、という予感のようなものは感じることができました。

矢野氏の「これからはサービスの時代だ」という言葉が、私の中でとても大きなものになっていきました。そして、これからサービスの時代が来るのならば、その時代を作る一人になりたい、と決心したのでした。

サービスがいかに重要で、たいへんで、素晴らしいか

サービスの道に進むことを決めたところまでは良かったのですが、そこからが問題でした。辻調理師専門学校の学費を出してくれて、しかもフランス留学までさせてくれた父親に、報告しないわけにはいきませんでした。

当時は有名なシェフはたくさんいたし、田崎真也氏の活躍でソムリエの存在も知られるようになってきていました。ところが、メートルドテルになりたいと言ったところで、私の家族の誰も、それがどういう仕事なのか知りませんでした。

「せっかく高い学費を払ったのに、お運びさんなんかになってどうするんだ」

そう言われました。

それでも、一生懸命説明をして、ついに両親には理解してもらえました。私のことを信じてくれて、私の進む道にも理解を示してくれた両親には、今でも

感謝しています。

両親は理解してくれましたが、困ったのは同窓会などで高校や中学の友人たちと会う時でした。彼らと会った時に、フランス料理のサービスをやっていると言っても、それがどういうものなのか、まったく理解してもらえないのです。ソムリエという職業は彼らも知っていましたから、仕方なく「ソムリエの修業中だ」と言っていました。

大卒で一流企業に勤めている友人たちは、みんな良い給料をもらって、土日は休みをとっていました。ですが、こちらはレストランの定休日が週一日あるだけで、他の日は朝早くから夜遅くまで働きづめ。それなのに給料は安いものでした。見習いだから仕方がないとはいえ、しばしば悲しい思いをしたこともたしかです。

とにかく、**矢野氏の「これからはサービスの時代だ」という言葉を信じて、自分の技術を一歩一歩向上させていく以外に、私の人生の選択肢はなくなっていました。**なにかを選ぶということは、選ばなかった可能性を捨てるということでもあります。いくつもの選択を積み重ねてきた結果、私の人生の選択肢は、既に「サービス」のみに絞られていたのです。

そして、一流のメートル ドテルの凄さ、素晴らしさを知るにつれ、私の中には大きな目標ができていきました。

サービスがいかに重要で、いかにたいへんで、いかに素晴らしいか。それを一人でも多くの人に知ってもらいたい――そのような思いは、当時も今も、変わらず私の中にあります。

その思いのおかげで、私はこれまでどんなに辛いことがあっても、そこから逃げることなく頑張ってこられたように思います。

三年先と一緒に走ることで、成長の速度が上がる

サービスの道に進むことを決めた私にとって、当面の目標はソムリエの資格を取ることでした。そこで国分寺のレストランにいた横山ソムリエに助言をいただきながら、勉強をはじめました。

そんなある日、憧れの人であった矢野智之氏が「店を辞める」とおっしゃいました。港区のレストランで支配人になるということでした。衝撃を受けましたが、幸い、矢野氏は「日本一のシェフと一緒に日本一のレストランを作るから、お前も来い」と、私もスカウトしてくれました。

そうして港区のレストランに移ったのですが、そこは、国分寺のレストランよりもずっと大きなレストランでした。当然ながら、スタッフの数や質も段違いでした。

そこそこ仕事を覚えてきたと思っていた私は、そのレストランではまったく通用せず、自分の実力の至らなさを嫌というほど思い知らされました。しかも矢野氏は支配人で、私は一番若い下っ端のコミ。完全に雲の上の存在となってしまいました。

そこで出会ったのが、本書で既に何度も出てきている坂井ひろし氏でした。坂井氏には、サービスマンとして必要なテクニックや心構えのほとんどを教えていただきました。

さらに、芳賀《はが》メートルと大串《おおぐし》ソムリエに出会ったのも、このレストランでした。芳賀メートルは私より三歳年上で、大串ソムリエは、そのさらに一歳上でした。二人とも矢野氏に呼ばれて港区のレストランに集まった、優秀なサービスマンでした。

二人とも私のことをとても可愛がってくださって、ギャンブルが大好きな芳賀メートルには競馬やパチンコに連れて行ってもらいましたし（結局私はそれらにのめりこむことはありませんでしたが）、大串ソムリエにはソムリエになるための勉強を教えてもらいました。初めてワインバーに連れて行ってくれたのも、大串ソムリエでした。さらに、しばらくしてから、私より二歳年上の畑山氏も入ってきました。畑山氏も既にソムリエの資格を持っていました。この四人で、一緒に仕事を頑張っていたのです。

芳賀メートル、大串ソムリエ、畑山氏、いずれもソムリエの資格を持っている方々でした。**自分より先を行っている、年上の人たちと一緒に揉まれていれば、必ず、成長の速度は上がります。**そのような環境に身を置くことのできた私は、本当に恵まれていたと思います。

ソムリエ試験に一発合格するための秘訣

ソムリエの資格を取るためには、ワインおよびアルコール飲料を提供する仕事を一定期間行っていることが必要となります。その上で、書類による一次試験と、ブラインドテイスティングなどによる二次試験を受けて、合格すれば晴れてソムリエになることができるのです。

ソムリエ試験の受験資格を得るまでの間、私はひたすら勉強を重ねてきました。**一次試験に関しては、日本ソムリエ協会が発行するテキストがありますので、それを丸暗記しました。**二次試験の対策としては、仕事の後に四、五人でワインについて話し合ったりしていました。

ところが、私には大きな問題がありました。**お酒が飲めなかったのです。すぐお酒に酔っ払ってしまうようでは、試験どころではありません。**私はもともと、お酒が好きではありませんでした。お正月の時に口にするお屠蘇《とそ》、あれがとても不味かったというのが、お酒にまつわる最初の思い出です。大人になっても、それは変わりませんでした。ビール一杯程度で顔が真っ赤になって、気持ち悪くなってしまうのです。

国分寺のレストランにいた時など、先輩方に連れていかれた居酒屋でかなりたくさん飲まされて——まあ、今から思えばたいした量を飲まされたわけではなかったはずなのですが——ふらふらになって、帰り道、道路脇の生垣に身体ごと突っ込んで吐いてしまいました。

もうこれは死ぬかもしれない、と本気で思うくらい、お酒が身体に合わなかったのです。

そんな私でしたから、ソムリエの勉強も必然的に知識先行となっていきました。とりあえずテキストも丸暗記しましたし、ブドウの品種や特徴などは、香りをかいだだけである程度分かるようになりました。

私としては、そのままソムリエ試験を受けるつもりでしたし、たぶんそれでも受かることは可能だったのですが……。しかし、大串ソムリエに「ソムリエは飲まなきゃ駄目だ。お前はよく勉強しているし、たしかに飲めないソムリエもいることはいる。でも、やっぱり、ソムリエは飲んでなんぼなんだ」と、忠告されてしまったのです。

たしかに、一流のサービスマンがお酒を飲めないなど、あまりかっこよくありません。せめて人並み程度には飲めるようになろうと、私は心を入れ替えました。それから、お酒が飲めるようになるための修練がはじまりました。これは、とにかくお酒を飲むしかありませんでした。毎日ちょっとずつ口にして、とくに休みの日は家で飲んで、そのまま酔い潰れることを繰り返したのです。

最初はあっという間に潰れていましたが、それでも飲み続けることで、いつの間にかワインを飲んでも大丈夫な身体になっていたのです。今でもそれほど強くはないのですが、**美味しいワインを飲むことは大切な趣味の一つとなっています。**一時期たいへんな思いをしたおかげで、私の人生の楽しみが増えたのですから、大串ソムリエには本当に感謝しています。

そうやって万全の対策をして、ソムリエ試験に挑んだわけですが、思わぬ落とし穴が待っていました。なんと、一次試験の三日前から三十九度近い高熱に襲われたのです。その直前に長野旅行に行っていたこともあり、その時に風邪をひいてしまったのだろうと思っていました。

しかし、普通の風邪ならすぐに熱が下がるのでしょうが、そのまま熱は下がらず、試験当日も三十九度近い熱のままでした。どうにか試験会場までたどり着いたものの、苦しくて仕方ありません。

試験監督の方に「終わったら早めに帰ってもいいですか？」と聞いたのですが、途中退出は認められないとのことでした。くらくらする頭を振り絞ってとにかく回答欄を埋めていき、見直しもせずにそのまま机に突っ伏して、試験時間が終了するまで待っていました。

ようやく地獄のような試験時間が終わり、帰路、病院に直行したところ、盲腸だと診断されました。そして、そのまま一週間の入院を余儀なくされました。結果として一次試験を合格することができたのですが、よく、あんなひどい体調で合格できたものです。

幸いなことに、二次試験は約一ヶ月後でした。万全の体調で臨んだ二次試験も、とくにミスをすることもなく終えることができて、合格。ついに待ったソムリエの資格を取ることができたのでした。

最悪の体調の中で手に入れたソムリエの資格。とにかく反復練習を繰り返し

て試験に臨んだのが、最大の勝因でした。つまり、ソムリエ試験の合否は、はじまる前から決まっていたのです。

通勤時間でマスターしたフランス語と英語

一流のメートル ドテルになりたいのであれば、絶対に避けられないのが語学です。フランス料理店で働いているのですから、フランス語ができるのは当たり前。さらに英語ができなくては、外国人のお客様を安心してお迎えすることはできません。

休みは週に一日、朝から夜遅くまで働き通しの毎日の中で、**語学を勉強するための時間は、通勤時間しかありませんでした。もちろん、朝は眠いし、夜はへとへとになっています。**通勤時間を睡眠時間にしたり、なにも考えずにボーっとしたりできたら、どんなに良かったことでしょう。

それでも、自宅の国分寺からレストランの最寄り駅まで、通勤電車は片道一時間二十分もあります。往復だと二時間四十分。その時間を語学の勉強にあてて一年間頑張れば、かなりの時間になるのです。

そこで活躍したのが、ＮＨＫのラジオ講座でした。当時はカセットテープの時代でしたから、イヤホンをつけて、テキストを見ながらひたすら繰り返すのです。

なぜＮＨＫのラジオ講座にしたかというと、中学校時代に、学校で全員が強制的にやらされたことがあったのです。私はその時にある程度の手ごたえを感じていたので、それを思い出したのでした。

実際問題、当時の月給では語学教室にわざわざ通うのは厳しかったこともあります。また、特定の時刻に特定の場所に行ってまで勉強する、というのが性格的に合わないというのもありました。

でも、ラジオ講座のカセットとテキストは、語学教室に一回行くよりも安い金額でそろえることができます。そして、いつでもどこでも、いくらでも勉強することが可能なのです。

それゆえ私にとっては、これこそが最適の勉強方法でした。また、後輩に語学の勉強方法を聞かれた時には、自信をもってNHKのラジオ講座を薦めています。

実際に勉強してみれば分かるのですが、フランス語の発音は、少しでも違うと通じません。ですから、カセットを聴きながら頭の中で繰り返ししゃべります。そして休みの日には家の中で、しっかりと声を出して話して、発音を確認するのです。

語学の勉強でとにかく大切なのは、同じものを繰り返し、繰り返し、勉強することです。私は一九九八年のテキストを何年もずっと繰り返しました。しかし、さすがにほとんど暗記して飽きてしまったので、二〇〇七年に買い替えました。それをさらに五年間続けて、二〇一二年にもう一度最新のものに買い替えたのでした。

そのおかげで、その後に勤務したレストランやホテルで、語学力が原因で失敗することはありませんでした。もちろんネイティブのようには行きませんが、意思疎通をする分にはまったく問題ありません。

去年、フランス旅行をした時にも、会話で困ることはありませんでした。もし、当時の私が通勤時間の片道一時間二十分を語学の勉強にあてていなかったら、今の私はいないでしょう。

そもそも、サービスコンクールには語学力を求められますから、世界一はおろか、日本一にもなれなかったはずです。

後に勉強することになるデクパージュの技術などもそうなのですが、**栄光を手に入れるためには、地道な作業が必要になります。ただひたすら、同じことを繰り返すことができるかどうか。**

それをしたからといって、絶対に成功できるわけではありません。しかし、それをできない人間が成功を手にすることは、絶対にないのです。

全体を見ずに、目の前のサービスはできない

その港区のレストランで、私はコミからシェフドランに昇格しました。シェフドランとはメートル ドテルの補佐役のことで、直接お客様にサービスする

機会も増えました。シェフドランからはタキシードを着るため、その後も大切に着続けることになるタキシードを新調してもらいました。

いわゆる「黒服」としてお客様に直接サービスする日々は、とても楽しく、素晴らしいものでした。自分に自信もついてきました。

しかし、そんなある日、私は致命的な失敗をしてしまいます。そのレストランを何度も使ってくださっていたM様が、ランチにいらっしゃったのです。いわゆるビジネスランチというもので、個室を予約しての、八名ほどでのご利用でした。

通常であれば、前もってメニューを決めておいていただくところだったのですが、やはりそれだけの大人数だと好みなどもありますので、料理は当日に選びたいとのことでした。そして、十一時半に来店され、十三時までの一時間半で、ランチを楽しんでいただくことになっていました。

ところが、予想以上にばらばらのご注文をいただいたため、まずはオーダーを取るだけでだいぶ時間を取られてしまいました。さらにキッチンがいつも以上に混みあっていて、料理がなかなか出てこなかったのです。

M様たちご一行は、**十二時十五分くらいには前菜を食べ終わって、次に出て**

くるメインの料理もばらばらで、遅い人だと十二時五十分くらいに出てくる始末でした。それからデザートが出てくる予定だったのですが、十三時までに食べきることなど不可能でした。

せっかくのメインをかきこむように食べて出ていかなくてはならず、M様はかんかんに怒っておられました。そして、「ビジネスランチなんだから、こんなペースで食事を出されるんじゃ、もう使えないな」とおっしゃって、実際、もう二度といらっしゃることはありませんでした。

今になって思えば、ちゃんと「この人数でばらばらにオーダーをしていただくと、十三時を超えてしまいます」と、正直に言うべきでした。その場の雰囲気に圧されて、なんとなく大丈夫かもしれないと思いながらオーダーを取ってしまった私のミスだったのです。

さらに言えば、レストラン全体を見ることができていれば、もっと柔軟に対応できていたはずです。現在の私は、今この瞬間、キッチンがどのくらい混んでいて、料理が出来上がるまでどのくらいかかるか、といったことまで、ほぼすべて頭に入っています。さらに、ちょっとでも不明なことや不測の事態があれば、必ずコミの子を走らせて明確にしておきます。

そうすることで、細やかな対応が可能になるのです。たとえば今、目の前のカップルのお客様が前菜を食べ終わろうとしているとします。そして、次の肉料理を出してもらう必要があるのですが、ちょうどその頃、パーティールームの二十名のお客様も、肉料理にかかる時間帯となっていたとします。

そのパーティールーム二十名分の肉料理がすべて出るのを待ってから次の料理を用意してもらったとしたら、カップルのお客様をとても長い時間お待たせすることになってしまいます。

そこで、その二十名のお客様の前に、フライングをしてでも、カップルのお客様の肉料理を入れてもらう必要があるわけです。細やかな対応とは、つまり、このような対応のことなのです。

M様のビジネスランチを台無しにしてしまった失敗は、長く、私の心に暗い影を落としました。**その頃の私は、自分では一生懸命にサービスをしていたつもりでしたが、実際にしていたことは、ただの作業だったのです。**

そして七年後、私がメートル ドテルをしていた表参道のレストランに、M

様と同姓同名の方から予約が入りました。私は喜び勇んで、そのM様を担当することにしました。もちろん、同姓同名の別人である可能性もありました。しかし実際にご来店いただいた方は、たしかに、あの日に私が失敗をしたM様だったのです。

男性お二人でのご利用でしたので、もう一人の方が席を立たれた隙《すき》に、名刺をお渡しして、港区のレストランに勤めていた時にお世話になったことをお伝えしました。

M様はどうやら、私を怒ったことは覚えておられないようでしたが、それでも、私のことはなんとなく覚えていらっしゃるようでした。今度こそ、あの頃の失敗を取り返すチャンスです。私は、自分にできる限りの最高のサービスをさせていただきました。

私は、M様がお好きなものと苦手なものを、すべて把握していました。ですから、初めて利用するレストランでは到底実現できないサービスが可能だったのです。

とても喜んでくださったM様は、それからまた、「宮崎さんいる?」と、何度も通ってくださるようになりました。年賀状や季節の挨拶状も必ず出すようなお付き合いが続いています。私は、若い頃の至らなかった自分に、ようやく決別できたのでした。

自分の信じる「サービス」と「作業」の間

私は以前、ホテルのフレンチレストランで働いたことがあります。同じフランス料理のレストランだから仕事内容はあまり変わらないだろう、と思っていたのですが、実際にはまったく異なるものでした。様々なことに当惑する日々でしたが、同時に、自分の目指すべきサービスについて真剣に考えた、とても重要な転機でもありました。

私が就職したホテルは外資系の高級ホテルグループでした。そのホテルグループの、別のホテルにはそれ以前に何度も行ったことがあり、まだ二十代前半の私は憧れを持つようになりました。**サービススタッフ全員が良い笑顔をしており、ホスピタリティにあふれていたのです。**

正直、レストランの味は驚くほどではなかったのですが、クラシックなレストランでしか働いてこなかった私にとって、そこは時代の最先端を行く別世界に見えました。

そのホテルグループの、新しいホテルが開業するという話を聞いた時、私の気持ちは大きく傾きました。さらに、そのホテルにはフレンチが入るらしいという話があり、ホテル内のフレンチで働けるならと履歴書を送りました。それから半年近く連絡がなく、おかしいなと思って電話をしたら、すぐに面接の日程が決められて、合格したのでした。世界中にある一流ホテルグループの開業に加われるということに、私の心は浮き立ちました。

スタッフは開業の一ヶ月前に決まりました。別のホテルから来た人々と、レストラン出身の人々の混成チームでした。ところが、開業直前までホテルの工事が終わりません。そのため現場を見ながらの準備がほとんどできないまま、開業当日を迎えてしまったのです。

サービススタッフのトレーニングも足りないままでしたし、それに負けず劣らずキッチンスタッフのトレーニングも足りていませんでした。**マニュアルは**

しっかりしていたものの、本当にマニュアルだけで乗り越えられるものなのかどうか、私には不安しかありませんでした。

そのホテルが開業したことは大きなニュースとなりましたので、大勢のお客様がおしかけてきました。そして案の定、クレームの嵐となりました。マニュアルだけでどうにかなるものではなかったのです。タッチパネル式の機器を使ってオーダーを取るのですが、それの操作も満足に覚えていないサービスマンがたくさんいました。そのため料理の間違いが多発しました。さらに、キッチンが完全にパンクしてしまって、料理が全然出てこないのです。四十分、五十分待たされるのも、決して珍しくありませんでした。

そのような状況でも、上層部はどんどんお客様を入れてしまいます。ランチは二回転、アフタヌーンティーの時間があって、さらにディナーは三回転、という目の回るような状況が続きました。

いきおい、これまで働いてきたレストランのように、お客様一人一人を観察し、先回りしてサービスすることなどできるはずがありません。お客様と親しくなることがあっても、サービススタッフは完全にシフト制であり、次にご来店いただいた時にサービスをすることは、ほとんど不可能でした。

それでも、たまに特別なお客様がいらっしゃって個室でのサービスをすることがあると、その時には私が指名されて、サービスの腕を振るうことができました。しかし、それは極めて例外的な出来事です。

これまで、**ただの作業はサービスではないと考えていた私にとって、これもサービスの一つの形なのか、それともやはりサービスではないのか、悩む日々が続きました。**

そして、決定的な事件が起こります。そのレストランは百何十席もある、いわゆるカジュアルフレンチのお店でした。ですから、雰囲気のある木のテーブルには、テーブルクロスを敷いていなかったのです。

ある日、あるテーブルに座っておられるご婦人が、悲鳴を上げられました。木のテーブルの裏側がささくれ立っていて、そのご婦人がトイレに立ち上がろうとした際に、お洋服がひっかかって、大きく傷ついてしまったのです。

当然、ご婦人はたいへんな怒りようです。そのお洋服は、超高級ブランドの限定品だったそうで、「高級ホテルのレストランでこんなひどい目に遭《あ》うとは思わなかった」とおっしゃるのです。その憤慨《ふんがい》は、まったくもって、ごもっともでした。

とりあえずその場は平謝りをしてお帰りいただくしかありませんでした。それから、そのお洋服のブランドに問い合わせて日本中を探してもらいましたが、日本国内にはありませんでした。そこで海外に問い合わせて、ようやく実物を見つけて、お客様に弁償することができたのです。

この事故は、「お客様の目線に立て」という坂井氏の教え通りの準備をしていれば防げたはずです。 しかし、現実問題として目の前の膨大な仕事に忙殺され、坂井氏の教えを実践する余裕などあるはずもありませんでした。

この事件によって「このホテルでは私の信じるサービスはできない」と理解しました。そして、とりあえず一年だけ働いたら再びクラシックなレストランに戻り、本気で日本一のサービスマンを目指すことを決めたのです。

良い仕事は、健康な身体からはじまる

そのホテルでの日々は、とても過酷でした。休みはちゃんと取ることができたのですが、出勤日は朝から晩まで働き通しです。しかも、一週間のうち三日くらいは、終わるのが深夜の三時くらいになってしまいます。当然ながら家に帰ることもできず、そのままホテルの仮眠室に泊まっていました。病院送りになるシェフやサービスマンも続出しました。**私も多忙の中で体調を崩してしまい、自分の健康管理の方法を見直さなければならないことは明白でした。**

ホテルで働いている間は、休みの日にはしっかりと休むようになりました。昔から続けているサッカーはストレス解消にもなるのでそのまま続けましたが、サッカーのない日は、温泉に行ったりマッサージをしたりして過ごすようになりました。

また、食べ物にも気をつけるようになったのも、この頃です。それまでずっと納豆が嫌いだったのですが、納豆は身体にいいからということで、食べるようになりました。面白いもので、必要だから食べようと思って食べると、問題なく食べられるようになったのです。

さらに、肉も食べるようになりました。実は、私はずっと肉料理が苦手でした。その理由もはっきりと覚えています。私が幼い頃、家の庭でチャボを飼っていて、とても可愛がっていました。しかしある日、今まで食べてきた鶏肉が、自分の飼っていた鳥と同じだということを知ってしまい、ショックで食べられなくなったのです。

それ以来ずっと、肉料理が苦手でした。調理師学校などでは仕方なく食べるのですが、自分の日常の食事では、魚と野菜しか食べないようになっていたのです。

しかし、ホテルで目まぐるしく働いていると、どうしても身体のエネルギーになるものを食べたくなります。そこで肉料理を食べるようになったのでした。ステーキやハンバーガーを、嫌々ではなく食べるようになったのです。今でも鳥の皮や火の通っていない鶏肉は食べられませんが、他は問題なく食べられるようになりました。

若い頃は、体力に任せて働くことができていましたが、いつか、それだけでは立ち行かなくなります。この時期に、食生活も含めて自分の健康管理のやり方を見直したことで、のちの日本一への挑戦、世界一への挑戦の際にも、体力の限界まで練習を積み上げることができたのだと思います。

自分で料理を作ることが、なぜ大切なのか

私は、あまり外食をしません。とくに大衆居酒屋などはめったに行きません。なぜかというと、ニンニクや化学調味料がたくさん入った食べ物が苦手だからです。もし仲間と一緒に行くことがあれば、基本的にはお酒を楽しむことにしています。

その分、家では美味しい食事を作ります。私は「衣・食・住」のうち「食」を一番大事にしていますから、**美味しい食事を作って食べることこそが、人生の楽しみなのです。**

私の家の冷蔵庫には、選りすぐりの調味料が一通り揃っています。野菜も、タマネギ、にんじん、ジャガイモは常備してあります。ちょっとお腹が空いたらカップラーメンなどのジャンクフードではなく、パスタを作ったりチャーハンを作ったりして食べます。

たとえばチャーハンは、高校生の時に買ってもらった、本格的な中華鍋で作ります。その鍋を使うと、普通の玉子とネギとご飯だけでちゃちゃっと作っても、すごく美味しくなるのです。

さらに休日は、たとえば飲むお酒をあらかじめ決めておいて、そのお酒に合った料理を作って楽しみます。もちろんその逆に、食べ物を先に決めておいて、それに合わせてお酒を決めることもあります。羊や鴨の肉もインターネットを使えばいいものを買うことができますから、やろうと思えば、たいていの料理は作ることができるのです。

ワインであれば洋食にすることが多いですが、白ワインであれば鍋料理も合います。またビールに合わせるのであれば、エビチリのような辛い中華料理や、サムゲタンのような韓国料理を作ります。

自分で料理を作っているのは、あくまでも料理が好きだからです。それでも、**このことが仕事にも役に立っているのは明らかです。シェフが作る料理のたいへんさを、実感を持って知ることができるからです。**なぜこの料理はこの調理法を選んでいるのか、なぜこの食材が素晴らしいのか、そのあたりを理解した上でご説明するのと、理解せずにご説明するのとでは、やはりだいぶ変わってくると思うのです。

実際、レストランでサービスをしている人には、調理師専門学校を卒業してから来ている人がとても多いです。ほかにも、ホテルマンを養成する学校から入ってくる人や、実家が旅館やホテルをやっているとか、そういう人もいますが、そういう人たちもやはり、料理がとても好きだという点では例外ではありません。

同じ趣味を持つ友人と、同じ夢を持つ友人

もし、仕事において成果を得たいと思ったら、良い友人を持つことがとても大切だと思います。幸い、私は多くの素晴らしい友人に恵まれてきました。苦しい時期も、楽しい時期も、ずっと助けられてきました。

それは、友人関係が具体的に仕事に役立つ、ということではありません。む

しろ、**仕事とまったく関係ない、同じ趣味を持つ友人を持つことが大切だと思うのです。**

私は料理の世界が好きですし、サービスは天職だと思っています。しかし、本書をここまで読んできていただいたあなたには分かっていただけると思いますが、私の人生はずっと順風満帆だったわけではありません。とても苦しい時期や、すべてが上手く行かない時期もありました。そんな時に私を支えてくれたのは、サッカーでした。

正直に言えば、私が一番好きなのはサッカーです。ですから、万が一、レストランサービスの世界で失敗したとしても、一番好きな趣味までは奪われることがないのです。これは、本当に追い詰められた時に、大きな心の支えになってくれました。

また、人間、社会人になって何年も経ってくると、かつての友人たちと次第に疎遠になってしまいます。仕事が違うと、生活リズムも変わってきますし、話題も合わなくなってきます。そうなった時に友人関係が続くのは、同じ趣味でつながる友人たちでした。

私は長年、休みの日はサッカーをしていましたから、その仲間たちとは、職業などは関係なしにいつでも笑いあうことができたのです。先日、テレビの取材でサッカーの仲間たちを集めた時も、急な話だったのに二十人ほどが集まってくれました。時間さえあれば、三十人から四十人ほどは集まってくれる仲間がいます。

それはもちろん、同じ職業の友人にも言えることです。たとえば、私が最初に黒服となった港区のレストラン。そこで同期だった米田隆信氏も、熱狂的なサッカー好きでした。彼と三泊五日でイギリスに行き、ロンドンとマンチェスターでチャンピオンリーグ二試合を観戦する弾丸ツアーをしたのは、いい思い出です。

職場で、いつも仕事の話ばかりしていては、息が詰まってしまう時もあります。そのような時に、同じ趣味を持つ友人がいれば、毎日の楽しさがだいぶ変わってくると思うのです。

それと同じくらい大切なのが、同じ夢を持つ友人です。たとえば、恵比寿のフレンチレストラン「moRi」のオーナーである森シェフがそうです。彼は辻調理師専門学校の、フランス校での同期でした。もっとも、寮は別でしたし、授業でもたまたま一緒の班になることはありませんでした。そのため、別に仲が悪いということもなかったのですが、仲が良いということもありませんでした。

ところが、後に私が勤めていたレストランに彼が面接にやってきて、そこから付き合いがはじまったのです。

結局、彼はフランス料理店よりも給料の良いカフェのようなところで料理人となりました。それはフランス料理をあきらめたということではなく、むしろフランス料理店のオーナーシェフになるために、とにかく早く開店資金を集めようとしてのことでした。

当時の私は、日本一のサービスマンとなるためにメートル・ド・セルヴィス杯への挑戦をはじめた頃でした。そのため、自分の私生活の時間すべてをコンクールへの勉強にあてていたのですが、森シェフも、同様にたいへんな努力をしていました。そうして、ほんの二、三年で開店資金を用意し、自分の店を開店したのです。

森シェフがお店を開業しようという時、私は彼のお店のワインの品揃えについて、いろいろと助言をしました。

彼は自分の料理に自信がある一方で、お客様のためになるべく安く食べてもらいたいという思いがあって、ワインをできるだけ安くしようとしていたのです。私は逆に、森シェフの料理にふさわしい、ワイン好きも納得できる品揃えにするように主張しました。最終的には私の意見を採用してくれたようで、それは結果として良い方向に進んだと思います。

森シェフと私は、性格的には真逆の人間です。森シェフはかなりの頑固者ですが、その一方でとても優しく、情に厚い。私はむしろドライな性格ですので、昔の二人を知る共通の知人からは、どうして二人が仲良くなったのかと訝《いぶか》しがられます。

それでも二人が仲良くなったのは、やはり、同じ時期に同じ夢を見て、一緒に走った仲間だからです。人間、一人で走ると走りきれないような距離でも、仲間とともに走れば、不思議と走りきることができるものなのではないでしょうか。

第5章

世界一になって見えてきたもの

嬉しかった「現場を離れないでくれ」

私の大切なお客様のお一人に、Y様がいらっしゃいます。表参道のレストランにいた頃から、ずっとご贔屓にしてくださっているお客様です。とても遊び上手な方で、そのような方に気に入っていただけたのは、たいへん幸運なことでした。

そのY様は、私がメートル・ド・セルヴィス杯に挑戦していた頃、ずっと自分のことのように応援してくださいました。そして優勝して日本一になった時には祝勝会を開いてくださいました。さらに今回、「クープ・ジョルジュ・バティスト」サービス世界コンクールで優勝した後にも、やはり祝勝会を開いてくださいました。祝勝会ではとても美味しいものを食べさせていただいたのですが、一番嬉しかったのは、Y様の次のお言葉でした。

「俺はレストランを楽しみたいんだ、料理は二の次で、宮に会いたいんだ。だから偉くなって現場を離れないでくれ」

お客様にここまで言っていただけるのは、サービスマンにとって本望だと思います。日本一になろうと、世界一になろうと、お客様のこのお言葉の嬉しさに、変わりはありません。**このようなお言葉をいただくために、私は今日も現場に立ち続けるのです。**

さらに、同じく表参道のレストランにいた頃からの大切なお客様に、I様がいらっしゃいます。既に仕事の第一線からは身を引いておられるようですが、高級レストランは一通り行き尽くしているという、とてつもない食通の方です。サービススタッフにもたいへんな気遣いをしてくださる方で、しばしばワインの差し入れをしてくださいます。

そのI様には、世界大会の前に発破をかけていただきました。

「世界大会が終わったら、お祝いにワインを持ってきてあげるね。もし優勝できなかったらそれなりのワインになるけど、優勝できたらそれにふさわしいワインになるからね」と。

世界大会で優勝した後、あまりの忙しさに連絡を差し上げられないままでいたら、他のレストランで噂を聞かれたのでしょう、すぐに予約を入れてくださいました。

そして当日。台車でたくさんのワインを持ってきてくださったのです。まず、スタッフ全員にと、それが十二本。そして残りの十本が、私の分だということでした。そのうち八本は、一本十万円を超えるような素晴らしいワインでした。そしてもう一本は一九六七年のマグナムのポートワイン。これはもう、値段を付けられないようなワインです。さらにもう一本は、ロマネ・コンティの隣の畑のワインでした。

私はワインが好きですから、自宅にワインセラーがあります。そうは言っても、せいぜい十二本が入る程度のもので、中に入っているワインも、せいぜい六千円ぐらいのものです。それを楽しく飲んでいたのですが、**I様からいただいた夢のような十本と、さらに多くの方々からいただいた数々の素晴らしいワインで、中身が一気に入れ替わってしまいました。**それまで一軍バリバリだったワインが、いきなりスペイン代表やブラジル代表レベルが集まってしまって、ベンチ入りもできないくらいになってしまったのです。

ですから、今、休みの日が楽しくて仕方ありません。腕によりをかけたご飯を作って、夢のようなワインを味わうたびに、世界一になれて良かった、多くのお客様に大切にしていただけて幸せだと、至福のひとときを堪能《たんのう》することができるのです。

世界一になっても、忘れてはいけないこと

この本の冒頭で書かせていただきましたが、まだ駆け出しだった私を最初に「面白い」と言ってくださり、指名してくださるようになったのは、K様ご夫妻でした。また、私とともに同じ夢を見て、一緒に走った親友は、レストラン「ｍｏＲｉ」の森シェフでした。

その後、K様ご夫妻は私の紹介で「ｍｏＲｉ」にも行かれるようになりまし

た。そして私が日本一を目指してトレーニングを積んでいた時代には、**森シェフが特別に調理した料理を私がデクパージュし、それをK様ご夫妻に味わっていただきました。それも、何度も、何度も。**

先日、その森シェフと会って、飲む機会がありました。実は、ここ一年半ほどの間、お互いになんとなく疎遠になってしまっていたのです。この機会に改めて飲もうという話になり、一席を設けたのでした。そこで私が森シェフから聞かされた話は、とても衝撃的なものでした。

森シェフは、私にだいぶ怒っていました。しかも、その理由は一つではありませんでした。

まず、私が日本一になった時。日本一になって忙しくなった私は、ろくに報告もしないままになってしまったのです。自分としてはメールなどで連絡を入れておいたつもりだったのですが、「あれだけ応援したのに電話の一つもないのかよ」と、腹立たしかったそうです。

日本一となってしばらく経ち、私が多少落ち着いた頃、森シェフと飲もうという話になったこともありました。しかし、その時にも急用が入ってしまってドタキャンすることが続きました。しかも、私は森シェフに指摘されるまで、そのようなことがあったことさえ、よく覚えていませんでした。

さらに二〇一一年三月の東日本大震災の直後、私は心配して森シェフのレストランに顔を出しました。しかし、そこで「大丈夫？」と言った私の言葉が、ひどく他人事のような響きだったそうなのです。

私は大きな会社に守られています。そのことを踏まえていれば、森シェフは自らオーナーとしてお店を経営しています。他方、森シェフは自らオーナーとしてお店を経営していれば、安易に「大丈夫？」などと声をかけるなど、もってのほかだったのは明らかでした。

これらのことを森シェフから糾弾される間、私はなにも言い返すことができませんでした。ただただ、言われるままになるしかなかったのです。とくに「**お前はなにかと言えば忙しい忙しいって言うけど、みんな忙しいんだよ。みんな忙しいのに、お前だけ忙しい忙しいみたいなことを言うな**」という言葉は、私の心を貫くのでした。

さらに、もっとも辛かったのは、最近「ｍｏＲｉ」にいらっしゃったＫ様が森シェフに「**日本一や世界一になって、宮崎さんは変わっちゃったね**」とおっしゃっていた——ということを聞かされた時でした。最初に私の名前を覚えてくださったお客様に、そのように思われていたのです。そして、そう思われて当然のことを私はしていたのです。自分はなんて最低な人間なんだろう。そう思いました。

帰り道、私は道端で泣き崩れてしまいました。

その後、最近はお手紙をお送りするばかりだったK様に、何年ぶりかのお電話を差し上げました。私にできることは謝ることだけでした。**K様は「平気だよ。気にしてないよ」と優しくおっしゃってくださいました。やはり、本当に素晴らしいお客様でした。**

もちろん、世界一の座は自分の実力でつかみ取りました。それには誇りを持っています。しかしその実力は、決して、自分一人の力で手に入れたものではありません。その当たり前のことを、私はこれからずっと、繰り返し自分に言い聞かせ続けることでしょう。

世界一の義務

「クープ・ジョルジュ・バティスト」サービス世界コンクールで優勝し世界一になったことで、私の見える風景は大きく変わりました。新聞や雑誌、テレビの取材がたくさん入るようになったのです。私はそのような取材を、可能な限りお受けするようにしています。それはフランス料理文化センターの方々にも望まれていることなのです。

フランス料理の世界では、メートル ドテルという仕事の大切さはよく知られています。シェフやソムリエと同様、そのレストランの価値を左右する、とても重要なポジションとして尊敬を受けているのです。

しかし、日本におけるメートル ドテルの一般的な知名度は、その大切さに比して、とても低いものです。

それはもちろん、これまでの日本に優れたメートル ドテルがいなかったというわけではありません。本書の中で述べさせていただいた、下野隆祥先生、矢野智之氏、坂井ひろし氏はじめ、多くの素晴らしい先達《せんだつ》がいらっしゃったのです。私はその先輩たちの背中を追いかけてきただけに過ぎません。

かつて、田崎真也氏が世界大会で優勝し、ソムリエという言葉が広く知られるようになりました。また、辻口博啓氏が世界一になったことで、パティシエという言葉を誰もが知るようになりました。

私は、それらの方々ほどには卓越した人間ではありません。それでも、サービスの世界大会が初めて日本で開催され、日本人が優勝できたというせっかくの好機を、存分に活かしたいのです。

日本は、素晴らしいメートル ドテルがたくさんいる、世界有数のサービス大国であるということを、一人でも多くの方に知っていただきたいのです。

それは同時に、私の後に続く若者たちのためでもあります。

私は世界一になったことで、これまで講習を受けてきたフランス料理文化センターで、今度は講師を務めるようになりました。私の前には、かつての私と同様、休日を使ってでも自分の技術を向上させたいと考える、熱意に溢れた若者たちが並んでいます。

彼らを見ていると、これから彼らがたいへんな努力を続けることで手にする技術に、相応の敬意が払われる社会を作らなければ――そのような使命感にかられるのです。

また、シャトーレストラン ジョエル・ロブションで私の下にいる後輩の中にも、「コンクールに出て、いつか日本一、そして世界一になりたい」と考える後輩もいます。

彼らにも、いつか私を脅《おびや》かすような、素晴らしいサービスマンになってもらいたいと思います。そのために、私の持っているすべてを伝えていきたいと思っています。

おわりに

先日、とんでもないミスをしてしまいました。

平日の夜であり、また天気が悪くてキャンセルが入り、いつもよりお客様の少ないディナータイムでした。すべてはスムーズに進みました。お客様方もご満足いただけているようでした。

ところが、最後のお会計で私が伝票を打つ時に、シャンパンの値段を間違ってしまったのです。誰かが打った伝票は、必ず別の人間がチェックするようになっています。ですから、すぐに修正し、お客様のお手元には正しい伝票が届きました。しかしそれでも、私が打ち間違えたことには変わりがありません。

たしかに、私はかなりの修練を重ねて、世界一のサービスマンになりました。サービスマンに求められる技量は、一通り備えたという自信は持っています。ところが、ちょっと気を抜いてしまうと、このように伝票一つさえ、まともに作ることができないのです。

お客様をおもてなしするということは、とても楽しく、また、とても怖ろしいことです。長い時間をかけて積み重ねてきた信頼関係が、たった一度の失敗で、すべて崩れ去ってしまうこともあるのです。

初心を忘れないこと。それを、私は今、一番大切にしています。

本書を書くために自分の人生を振り返ってみて、つくづく思ったことがあります。それは、私は多くの方々に支えられてきたのだということです。

その方々の信頼を守るためにも、そして、これから出会う方々と信頼関係を築いていくためにも、私は「世界一」であり続けなければなりません。

本書を最後まで読んでくださったあなたに、精一杯の感謝をいたします。まことにありがとうございました。

次は、ぜひ、お店にいらしてください。

宮崎 辰

宮崎　辰（みやざき　しん）
シャトーレストラン ジョエル・ロブション プルミエ メートル ドテル
1976年、東京都国分寺市生まれ。小学校の家庭科の授業で料理に興味を持ち、高校卒業とともに辻調理師専門学校に入学。料理人を志していたが、最初に就職したレストランで「日本一のサービスマン」に出会い、サービスの道へ。2006年、第12回メートル・ド・セルヴィス杯に初出場し、準優勝。2008年、第13回メートル・ド・セルヴィス杯で第三位。2010年、シャトーレストラン ジョエル・ロブションのメートル ドテルに。同年、第14回メートル・ド・セルヴィス杯で優勝。日本一となる。2012年11月、「クープ・ジョルジュ・バティスト」サービス世界コンクール東京大会で世界各国の代表と競い合い、優勝。「世界一のサービスマン」となる。

中経の文庫

世界一のおもてなし

2015年4月27日　第1刷発行

著　者　宮崎　辰（みやざき　しん）
発行者　川金　正法
発行所　株式会社KADOKAWA
〒102-8177　東京都千代田区富士見2-13-3
03-5216-8506（営業）
http://www.kadokawa.co.jp
編　集　中経出版　中経の文庫編集部
〒102-0071　東京都千代田区富士見1-8-19
03-3262-2124（編集）
http://www.chukei.co.jp

落丁・乱丁本はご面倒でも、下記KADOKAWA読者係にお送りください。

送料は小社負担でお取り替えいたします。

古書店で購入したものについては、お取り替えできません。

電話 049-259-1100（9：00～17：00／土日、祝日、年末年始を除く）

〒354-0041　埼玉県入間郡三芳町藤久保550-1

DTP／キャップス　印刷・製本／錦明印刷

ISBN978-4-04-601180-0　C0134